武田信照 著

ミル・マルクス・現代

ロゴス

まえがき

　本書はタイトルに表示しているように，ミル・マルクス関係を中心に考察し，加えてミル的視点から現代の諸問題を俯瞰したものである。私の研究歴を簡単に回顧し，小著をこうしたテーマで編むにいたった経緯を記しておきたい。

　先著『近代経済思想再考』（ロゴス）の「まえがき」で触れているように，私の学部・大学院時代に属したゼミは，経済学史ではなく経済原論と金融論であった。愛知大学に職を得て，学内事情から経済学史を担当した。当初の研究テーマは，それまでの関心を受け継いで貨幣論であったが，担当科目との関係で出来るだけ経済学史的側面に気を配ることとした。1982年に出した最初の著書『価値形態と貨幣』（梓出版社）は，スミス・マルクス・ヒルファデングの貨幣論を研究対象としたものであったが，この処女作の中核をなすマルクスの価値形態論については，多くの研究者の検討対象となった。そのうち立ち入った批判的検討をいただいた赤堀邦雄教授（関東学院大学）と松石勝彦教授（一橋大学）に対しては，お２人の実体論的偏りを指摘するとともに，ご批判に即して私の価値形態論理解を，説得力を高めるようにより丁寧に説明する論考を書き，それは『経済学の古典と現代』（梓出版社、2006年）に収録している。貨幣論の基礎ともいうべき価値形態論については，肝心要の「形態内実」がどこまで正確に把

握されているのか，私は今でも疑問に思っている。理解にとって重要と思われるペテロとパウロの例示の意義を摑んだ論考を，管見のかぎり目にしたことがない。

　貨幣論の次に研究テーマとして選んだのは株式会社論であった。関心の発端は学部時代旧三商大（現在，一橋・神戸・大阪市立の各大学）間で毎年開かれていた学生の研究発表と討論の場で，バーリ＆ミーンズの経営者支配論に接したことであった。大学新聞の取材のために顔を出したある分科会でのことであった。株式会社は建前は株主支配であるが，しかしその実態との間に乖離が生じているのはどんな事情によるのか。興味は長く潜在していたが，それを経済学史的観点から新たな研究テーマとして取り上げることにした。研究対象はスミス・ミル・マルクスの株式会社論であった。

　スミスは株式会社では株主は配当以外には関心が薄く経営者支配に傾きがちであり，その経営者は他人の貨幣の管理者であって非効率な経営になりがちだという理由で，特定の分野以外には否定的であった。スミス的懸念を共有しながらも，この株式会社否定論的系譜を転換させ，大規模生産の利益を実現させるものとして株式会社肯定論を展開したのがミルであり，研究対象としてのミルとの最初の出会いであった。株式会社論が研究対象であっても，その理解にはミルの経済学と思想の全体像が一応は把握されていなければならない。そうした作業のなかで，ことに私の興味を刺激したのが彼の社会改革論であった。株式会社を次の生産様式への「必然的な通過点」と見たマルクス株式会社論との異同はもとより，ミルの社会改革論とマルクスの社会変革論との比較検討が大き

な課題となった。こうした諸問題を論じた論考は,『株式会社論の転回』(梓出版社,1998年)に収録している。この著書出版後,そこでの議論をベースに,ミルとマルクスの株式会社論と協同組合論との比較検討を中心に置き,その上で両者の社会改革・変革構想の異同を検討した論考を書いた。それはこの小著の第2章に収録した。

　大学退職後,経済学史講義の守備範囲内で,講義で立ち入って論じなかった問題,触れはしても新たな観点から見直してみたい問題,あるいは学生の反応が強かったことに鑑み補足しておきたい問題など,講義関連の諸問題を取り上げて,大学紀要に半ばエッセイ風に論じた連載論考を書いた。講義録補遺ないし余録である。取り上げた問題は,特定のテーマを時系列的に追跡したものでも,特定の経済学者の学説や思想を集中的に検討したものでもない。テーマも人物もアトランダムな,いわば「経済学史点描」である。ただどの論考でも現代との関連を意識している。この一連の論考をもとに若干の既出論考を加えて編んだのが前記『近代経済思想再考』であった。その第4章でスミスからミルへの株式会社論の転換を論じ,第5章でミルの社会改革論およびそれに関連する彼の停止状態論を検討している。その際,この著書では直接には触れていないが,マルクスとの関連が常に念頭にあった。『株式会社像の転回』の執筆過程およびそれ以降,19世紀中葉を代表する思想家であるミルとマルクスとの比較とそれが現代にとって持つ意味の検討が私の主要な問題意識,少なくともその1つとなったといってよい。本書第5章で取り上げた杉原四郎氏の問題意識と類似である。そうした関心から近

年執筆したミル・マルクス関係の幾つかの論考に,少し早い時期のものではあるが先述の両者の株式会社論と協同組合論を比較した論考を加えて編んだのが,今回の小著である。付論として最近書いた書評とエッセーを収録した。

　もともと独立の論考であったため,叙述に重なる部分がある。ことに第1章と第3章のミル停止状態論の部分がそうである。ご寛恕をお願いしたい。

　また講義録補遺がベースとなった純学術的とはいえない諸論考であるため,ご批判はあると思うが,先の『再考』の場合と同様,参考文献は煩瑣を避けて極力一部にとどめた。文献を挙げる場合でも,その表記は簡略化し,引用ページや欧文表記は省略した。横組であることを考慮して,数字は引用文を含め出来るだけ算用数字を用いた。

　2017年4月

目　次

目　次

まえがき　　　　　　　　　　　　　　　　　　　　　　　　　　　　　　　　*1*

第1章　マルクスのJ.S.ミル批判再審　　　　　　　　　　　　　　　　*13*

　はじめに　*13*

　　①　生産・分配2分論批判　*17*

　　②　利潤論批判　*24*

　　③　停止状態論をめぐって　*35*

　おわりに　*47*

第2章　J.S.ミルとマルクス
　　　　　——株式会社論と協同組合論——　　　　　　　　　　　　　　*49*

　はじめに　*49*

　第1節　ミルの株式会社論と協同組合論　*51*

　　①　資本家と労働者のアソシエーション　*51*

　　②　労働者間のアソシエーション　*54*

　　③　当面好都合な事態と将来　*56*

　　④　ミル・アソシエーション論の特徴　*57*

　第2節　マルクスの株式会社論と協同組合論　*60*

　　①　株式会社論　*61*

6

② 協同組合論　*64*
　　③ マルクスの株式会社論・協同組合論の特徴　*67*
　第3節　ミルとマルクス──社会変革構想の比較──　*71*
　　① 選択と必然　*71*
　　② 進化と革命　*73*
　　③ 市場と計画　*76*
　おわりに　*78*

第3章　ミル停止状態論と現代　*85*

　はじめに　*85*
　第1節　経済成長と停止状態
　　　　　──スミス・リカード・ミル──　*87*
　　① スミス　*87*
　　② リカード　*92*
　　③ J.S.ミル　*97*
　第2節　成長の限界と現代　*103*
　　① 各種資源の有限性　*105*
　　　農地　*105*
　　　鉱物資源　*107*
　　　エネルギー資源　*108*
　　② 自然環境問題　*111*

生態系・生物多様性　*111*

　　　廃棄物・汚染　*115*

　第3節　停止状態社会　*123*

　おわりに──経済成長至上主義への挽歌──　*131*

第4章　経済成長の前提条件　　　　　　　　　　　　　　　*135*

　はじめに　*135*

　第1節　農業基礎論の理論的系譜　*135*

　　① チュルゴー　*135*

　　② スミス　*140*

　　③ マルクス　*145*

　第2節　関連する諸問題　*149*

　　① 農業と外国貿易　*149*

　　② 農業と工業　*153*

　　③ 農業革命　*156*

第5章　マルクスからJ.S.ミルへ
　　　　　──杉原四郎の研究視座の転換──　　　　　　　　*161*

　はじめに　*161*

　第1節　マルクス・アゲインスト・ミル（前半期）　*166*

① 社会主義論　*166*
　　② 利潤起源論・利潤権利論　*172*
　　③ 改良と革命　*179*
　第2節　マルクスからミルへ（後半期）　*183*
　　① 生産と分配——ミルとマルクスとの対比——　*183*
　　② 利潤変動論　*187*
　　③ 自由と進歩　*189*
　　④ 自然・人間・労働　*194*
　　⑤ 改良と革命　*202*
　おわりに——「ミル・マルクス問題」——　*205*

書　評
　小幡道昭『価値論批判』　*210*
　村岡到『貧者の一答—どうしたら政治は良くなるか』　*219*

エッセー
　広津和郎『裁判と国民』——松川事件と冤罪——　*224*
　60年安保闘争の経験と集団的自衛権　*231*

J.S.ミル・マルクス略年表　*242*

おわりに　*245*

　人名索引　*248*

本 論

第1章　マルクスのJ.S.ミル批判再審

はじめに

　J.S.ミルは，人文・社会諸科学の分野を包括する多くの業績を残した19世紀中葉を代表する思想家であるが，経済学の分野でもこの時代を代表する影響力の大きい経済学者であった。主著『経済学原理』(1848年，以下『原理』)は，生前7版を数え，その成功の程度を検証したある研究によれば，特に若い経済学者や当時の政治・経済・社会問題に鋭敏に感応していた若者に刺激と影響を与えたといわれる。こうした『原理』の成功は，「彼を個人的に急速に重要な地位に押し上げた。1850年と1861年の間に，彼は経済学の「権威」として5度を下らず，議会の特別委員会に証言を求めて呼び出された」のであった。実際彼の有限責任会社についての委員会での発言は，株式会社法の成立に少なからぬ役割を果たしている。影響力の大きさはイギリス国内だけではなかった。シュムペーターの言を借りれば，「ミルの『原理』の成功は圧倒的であって，経済学に注意が払われているあらゆる国々にわたって，リカードゥのそれよりも更に普遍的であり，かつはるかに強く平均的に拡がっていた」(『経済分析の歴史』岩波書店)のであった。

　ミルに遅れて生れること12年，マルクスもまたミルとほ

ぼ同時代が活動の舞台であった。彼は『原理』の出版と同じ1848年に，資本制社会の革命的変革の構想を提起した『共産党宣言』を出している。同年の大陸における革命の敗北によって，彼はイギリスに渡ることになるが，ここで一旦実際的活動から離れ，変革のための理論的基礎を固めるために，経済学の研究に集中することになる。当然当時大きな影響力を持っていたミル経済学も批判的検討の対象であった。彼はすでに1845年にミルの『経済学の未解決の諸問題に関する試論』（1844年，以下『試論集』）を抜粋し，『哲学の貧困』（1847年）でこの著書に言及しているが，本格的なミル経済学研究は渡英してからで，1850年代の初めに『原理』第2版が読まれている。この頃のミル研究への没頭ぶりを，ピーパーは「マルクスはすっかり引きこもって暮らしており，彼の唯一の友はジョン・スチュアート・ミルやロイド」だとエンゲルス宛の手紙（1851年1月）で証言している。

　1857〜8年に書かれた経済学草稿『経済学批判要綱』（以下『要綱』）の「序説」でのミルの生産・分配2分論批判を見れば，この時期には「ブルジョア的諸関係が，社会一般のくつがえすことのできない自然法則」だとするミル経済学の基本性格への認識が固まっていることが分かる。1860年代の『剰余価値学説史』（以下『学説史』）および『資本論』でのミルへの言及は，この認識を基礎にミルの議会特別委員会での証言（銀行法委員会）などにも目を配りながら，ミル利潤論（利潤起源論や利潤率論や利潤取得権限論）の批判を中心に，機械による労働者の駆逐と吸収に関わる機械論，購買と販売の分離によって商品の過剰を説明する恐慌論など経済

学上の重要な論点への批判を展開したものである。ただこうした批判にもかかわらず,彼は今日では富の分配が労働に反比例しているというミルの指摘に触れながら,ミルを「俗流経済学的弁護論者の仲間と混同する」ことを強くいましめてもいる。

マルクスの対ミル関係は,1860年代に入ると単に理論上だけでなく,実践的・実際的側面が加わってくる。国際労働者協会＝第1インター(1864年創立)には,ミル本人こそ加わってはいないが,議長オッジヤーをはじめミルの友人・信奉者ともいうべき人々が参加していた。国際労働運動における思想と路線をめぐる主導権争いの側面が加わってきたのである。しかし当初はマルクスが,主導権を握っていた彼らと協力し,革命思想の宣伝を控えたため,この対立は運動の表面には顕在化しなかった。彼のミル批判も,『資本論』第1部第1版(1867年)での「広範囲でもなければ内容豊富でもない独創的な諸研究」といったいささか皮肉っぽい調子の何カ所かの批判的言及を除けば,主にはいわば間接的に,たとえばウエストン批判を通して,またエッカリウスのミルへの全面的批判を援助する形で行われている。しかし第2次選挙法改正や土地改革運動をめぐって両勢力の関係は次第に冷却化し,パリ・コミューンの評価で亀裂は決定的となり,ミルの「弟子」たちは組織を脱退する。これ以降マルクスは公然としたミル批判を強める。その現れが『資本論』フランス語版(1872年)とそれを訳したドイツ語版第3版(1883年)とに追加された長文のミル利潤論批判であり,ドイツ語版第2版(1873年)後記での「無気力な折衷主義」「「ブルジ

ョア」経済学の破産宣告」といったミル断罪であった。

(注) 後で関説するように，ミルは『原理』第3版（1852年）で社会主義的立場への移行を明言する。それは市場によって媒介される協同組合のネットワークとしての社会主義像であった。この時期，マルクスの社会主義像も国家所有を基礎とする『共産党宣言』から変化して協同組合の連合体として把握され直される。市場の位置づけの問題を別とすれば，協同組合社会主義という点では共通の将来像が描かれていたといってもよい。しかしそれを実現する運動戦略は大いに違う。ミルにとっては，協同組合の漸進的な拡大とその担い手の精神的，道徳的前進とが肝心であった。しかし協同組合社会化は国家の資金的援助なしには実現できないと見るマルクスにとっては，彼の手による「国際労働者協会創立宣言」に記されているように，何よりも国家権力の獲得が先行する。いわば運動戦略上重視されるべきは，進化か革命かという対立が見え隠れしていたのである。実際後にマルクスは，「もしわれわれ〔国際労働者協会—引用者〕が，われわれの戦術を，ミル経済学から引き出すとすれば，資本に対するわれわれの戦争でわれわれが勝利を期することは，ほとんど出来ないでしょう」と，新聞通信員とのインタビュー（1871年）で語っている。

ここでは上記理論上の批判のうち，最も重要と思われるミルの生産・分配2分論と利潤論についてのマルクスの批判を取り上げてその問題点を問い直したい。また第3点としてミルの停止状態論へのマルクスの無関心さの孕む問題性に触れることにしたい。こうした意味では，ここではマルクスのミル批判のネガティブな側面に焦点が合わされている。しかしこれは，先行諸理論の折衷，矛

盾する理論の同居などミルの理論的不備をついた周知とさえいえる鋭いミル批判のポジティブな側面とを合わせ，ミル批判の全体像を捉えるために必要な1作業であると考える。なお上記最初の2論点については，かつて『マルクス・カテゴリー事典』(青木書店，1998年)の「J.S.ミル」の項で簡単に触れた。本稿はその不備を補いつつ詳論し，新たな論点を加えた。

（邦訳文献は，ミルについては岩波文庫を用い，マルクスについては『要綱』(大月書店)以外は，『マルクス・エンゲルス全集』(大月書店)を用いる。訳文を1部変更した場合がある。）

① 生産・分配2分論批判

ミルは『原理』第2編「所有」章のなかで，「富の生産に関する法則や条件は，物理的真理の性格をもち，そこには人間の意のままに動かしうるものは何もない」という。生産の2要因は，物理的性質をもつ自然対象と肉体的，精神的資質の支出としての労働との関係である。他方「富の分配の場合はそうではない。それはもっぱら人為的制度の上の問題」であり，それは「社会の法律と慣習によって定ま」るのだから，「時代を異にし，国を異にするに従って大いに異な」るという。よく知られた生産と分配を峻別するミルの2分論である。この2分論はマルクスによって手厳しい批判をあびた。それはミル経済学を「ブルジョア経済学」として性格づける証左として，ミル経済学批判の最も重要な論点の1つと見ることができる。

マルクスは『資本論』第3部の終わりに近い「分配関係と生産関係」の章で，ミルの著書を注記にあげながら，「もっとも教養ある，もっとも批判的な意識は，分配関係の歴史的に発展した性格を意識するのであるが，しかし，そのかわりに，生産関係そのものの，かわることのない，人間の本性から生れてくる，したがっていっさいの歴史的発展から独立した性格を，ますます固執するのである」という。同趣旨のことは『学説史』の中でも次のようにいわれている。「J.St.ミルなどが，ブルジョア的生産の諸形態を絶対的なものとして把握しながら，しかもブルジョア的な分配の諸形態を相対的で歴史的なしたがって過渡的なものとして把握しているのは，いかにもばかげている。分配関係はただ他の観点から見た生産形態であるにすぎない」と。こうしたミルの2分論については，上記1860年代の議論に先だってすでに1857〜8年に書かれた草稿『要綱』で，一層手厳しい批判が加えられていた。そこではミルの名前をあげながら，生産を歴史から独立した永遠の自然法則のわくにはめこむことを通して「ブルジョア的諸関係が社会一般のくつがえしがたい自然法則として，まったくこっそりとおしこめられる」のであり，「これが，やり方全体の多かれ少なれ意識された目的である」と指弾されている。2分論は資本制生産の永遠性の擁護という隠された意図を含んでいるとされるのである。

　たしかにミルの2分論には，論理的にみて不完全で整合性を欠く欠点がある。マルクスが上記『要綱』でいうように，「いろいろの社会段階で分配がどんなに種々さまざまであろうとも，生産でと同様に分配でも，共通な諸規定をとりだ

すことが可能である」。他方「生産のすべての時代には、ある種の標識が共通にあり、共通な規定があり」、このような「生産一般」は「道理のある抽象」である。彼自身後の『資本論』第1部でそれを「労働過程論」として展開している。しかしこのように生産も分配もすべての時代に共通な規定をもつと同時に、「一定の社会的発展段階」に対応したさまざまな「歴史的発展過程」をもっている。つまり生産と分配のいずれも、時代をこえた一般性と歴史的な特殊性の両面をもつといってよい。一方の生産に時代に共通な一般性を、他方の分配に歴史的特殊性をわりふることはできない。しかも生産のあり方と分配のあり方とは不可分に連関している。その意味で生産の法則と分配の法則とは、「形態の異なった同じ法則であり、両者は転変し、同じ歴史的過程を経る。それらは、一般的に1つの歴史的過程である」といってよい。以上の点ではマルクスの批判は的を射ている(注)。

(注) シュムペーターも次のようにいっている。ミルは「純粋経済的範疇と歴史的・法制的範疇の区別を既に知っていた。ただ彼が生産の法則は簡単に前者の、分配の法則は後者のものであると名づけた点で誤っていたのである。なぜなら両者は極めて密接に相互依存しており従って生産もまた社会組織の影響のもとに、分配もまた普遍的必然性のもとにあるからである」(『経済学史』岩波文庫)と。ミルに対する微かなシンパシーが感じられるが、批判の論点はマルクスとほぼ共通する。

しかしマルクスの2分論批判は普遍と特殊にかかわる上記の論点だけではない。むしろ中心的論点は次の点、つまり生

産が物理的真理の性格をもつという議論は,生産のあり方を自然法則とみなすことで資本制生産の永遠性を擁護することになるという批判,いやさらに進んでその擁護こそこの議論にこっそりとおしこめられた意識的な目的だという批判にある。しかし2分論を説く当該部分だけでなく,それを『原理』第3版(1852年)以降の他の部分と関連させてみれば,その批判の妥当性に疑問が生じる。ミルは『原理』第2編「所有」章の最後に,「土地および資本の私有制に基づく「産業組織」を廃止し,これに代わって登場すべき制度として適当なものがあるか……ということは実験が解決すべきことである」といい,私有制に基づく資本制生産が変化しうる可能性を事実上認めているし,晩年の「社会主義論」でも,「所有の観念は,歴史をつうじて同一であり変化の不可能なある1つのものでなく,……変化しうるものである」という。このことを裏返せば,ミルが生産を不変の物理的真理だという場合,それはいわば「労働過程論」的内容だということになろう。これらの指摘だけでも,ミルが私有制にもとづく資本制生産の永遠性を擁護しようとしていたと解することに疑問符がつくが,『原理』第4編「労働者階級の将来」章をみればその問題性はいっそう歴然とする。この章は第3版において,フランスにおける労働者による協同組合運動の重要な経験を踏まえて,「これらの協同組合を第一歩とする社会的転換の傾向をば,より明確にしてみよう」(第3版序文)という観点から書き改められている。この章のアソシエーション論では,将来社会を資本制生産関係が廃棄され,市場によって媒介される協同組合化した社会として描かれている。労働

者による自己統治が目指されているのである。こうしてミルは,『自伝』での表現を借りれば,自らを「はっきりと社会主義者という,一般的呼称のなかにおく」ことになる。この章は第3版以降最終の第7版まで,重要な内容上の改定は加えられていない。協同組合社会主義は,ミルの後半生を貫く基本的思想だったといってよい。このように見れば,生産・分配関係把握の不透明さが誤解を生じさせ易いとはいえ,ミルが生産を不変の物理的真理の性格をもつという場合,それは資本制生産の歴史性の否定ではなく,事実上いわば労働過程論的内容を指すということをあらためて確認できよう。

先に注記したように,協同組合の全体的発展には政治権力による資金的支援が不可欠とみて,プロレタリアートによる政治権力の先行的獲得を前提していたとはいえ,マルクス自身将来社会を協議に基づく協同組合の連合体として描いていたはずである。運動戦略上の対立をいまはおけば,市場による媒介の有無を別とすれば,資本制生産を協同組合社会によって置き換えようとする立場自体は共通のはずである。とすればミルを資本制生産の永遠性の擁護者とみることは,いかにも不可解である。こうしたミル評価に不可解な歪みが生じてきたのは,「将来」章で協同組合による社会的転換が明確に指摘された,彼の思想的転回を示す『原理』第3版における改定が,マルクスによって事実上等閑視されていることに由来するのではないかと思われる。

1850年に始まったマルクスのミル経済学研究の主たる素材は,ミル研究の始期にはそれまでに出版されていた『試論集』(1844年)と『原理』第2版(1849年)であった。そ

れは当然である。しかし『原理』第3版（1852年）の出版以降も同様であったと考えられる。このことは『要綱』および1860年代に書かれた『学説史』と『資本論』第3部草稿で明示されている引用・注記の文献からみて十分推察可能である。これによって彼のミル経済学の基本性格への認識は固められていたとみてよい。ミルの思想的転回を示す『原理』第3版以降の版は視野の外に置かれていたのである。『資本論』第1部第1版（1867年）でも，ミルの文献としてはっきりあげられているのは『試論集』と『原理』第1版である。「将来」章に大幅に手が加えられ改定された『原理』第3版およびその内容を継承するそれ以降の版にマルクスが初めて明示的に触れているのは，分冊で刊行された『資本論』第1部フランス語版（1872～75年）においてであって，そこに追加されたミル利潤論への長文の批判的言及（これは先記のように，その後『資本論』第1部第3版にドイツ語に訳されて収録）に際してのことである。そこで参照されているのは，1868年発行の『原理』大衆版である。しかし言及されているのは利潤論であって，上記「将来」章に関するものではない。結局同章には触れられないままであった。ミルの思想的転回を示す改定後のミル・アソシエーション論は，目に留まらなかったか，あるいは度外視されて，当初のミル経済学への基本認識が固持されていたのである。

　この状況は，ミル経済学の基本性格に関するマルクスのいま1つの論評とも関連する。ミルの友人たちの「国際労働者協会」脱会後にミル批判を強めて書かれた『資本論』第1部第2版（1873年）の「後記」で，マルクスは大陸におけ

る1848年革命の影響に触れて,「当時なお科学的意義を主張し,支配階級のただの詭弁家や追従者以上のものであろうとした人々は,資本の経済学を,もはや無視することのできなくなったプロレタリアートの要求と調和させようとした。それだからこそ,ジョン・ステュアート・ミルによって最もよく代表されているような無気力な折衷主義があらわれたのである」という。ここにいう折衷主義は,マルクスがミル経済学の特徴としてしばしば指摘する理論上の折衷のことではなく,まさしく資本と労働との利害の「折衷」である。直ちに想起されるのは,「将来」章における「資本家と労働者のアソシエーション」であろう。ミルのいうアソシエーションが,利潤分配制をとる労資協調型のこの形態だけであれば,したがって第1版〜第2版までのミルについていえば,上記の批判的評言も的を射ているといえるかもしれない。しかし第3版では,まさしく1848年革命の影響の下,この形態に加えて「労働者間のアソシエーション」が論じられ,しかもそれが社会的転換の主役を割り当てられているのである。新たに登場したアソシエーションは,資本家のいない労働者自身の自己統治の形態であって,到底資本家と労働者の利害の「折衷」ということはできない。マルクス自身協同組合を「所有の経済学」に対する「労働の経済学」の勝利と位置づけていたはずである。『資本論』第1部のフランス語版刊行に際して,『原理』第3版「将来」章の内容を継承する大衆版を手にしていながら,ここでもこの章の等閑視が,ミル像の描出に歪みをもたらしているといわざるをえない。「調和できないものを調和させようとする J.S.ミルの試み」という

上記「後記」での評言は,『原理』第3版以降のミルについては妥当な評価とはいえない。

②　利潤論批判

　マルクスのミル経済学の理論面での批判の要となっているのは,その利潤論に対してである。これはマルクス自身の経済学が剰余価値説とそれを基盤とする利潤論を背骨としていることと対応しているということができる。そのミル利潤論批判は,主として『学説史』の第20章「リカード学派の解体」および『資本論』第1部第5編第14章「絶対的および相対的剰余価値」に追加された部分（フランス語版およびドイツ語版第3版）で行われている。ただし批判の対象とされた文献は両者で異なっている。前者では『試論集』の利潤論が取りあげられ,後者では『原理』の利潤論が対象となっている。ではマルクスはこの両文献の関係をどう考えていたのであろうか。彼は『試論集』は「事実上ジョン・ステュアート・ミル氏の経済学に関するすべての独自な考えを含んでいる」(『学説史』)といい,またミルの経済学の領域での諸研究は『試論集』のなかに「すべてが隊伍を組んで行進している」(『資本論』)という。つまり両文献に特に区別されるべき経済理論上の相違はないと見られているのである。両文献には生産・分配2分論の有無といった点では違いが見られるのであるが,利潤論については確かに類縁性が強い。しかし『原理』第4版には,それまでなかった利潤の源泉いかんという重要な論点が追加されている。本稿では『試論集』を対

象とした『学説史』の議論をも参観しながら，主として『原理』利潤論を，同書第4版の追加論点を含んで批判した『資本論』の議論を中心に検討することにしたい。

　ミルの利潤論とそれに対するマルクスの批判については，杉原四郎による懇切丁寧であり，また大いに説得的な分析がある（『杉原四郎著作集Ⅱ』藤原書店，参照）。杉原はミルの利潤論を利潤の源泉を明らかにする「利潤起源論」，資本家の利潤取得の根拠を問う「利潤権利論」，利潤率の変化を論じる「利潤変動論」に区分けし，内容を整序しつつその意義と問題点を示すと同時に，これら諸点についてのマルクスの批判の当否を検討している。ここでは監督賃金論を含む「利潤権利論」を除き，他の2つの論点について杉原の労作を念頭に置きながら，以下マルクスの批判の当否を論じることにする。なおミルの監督賃金論については，マルクスは『学説史』でリカード派に属するミルがこれを説くのは「不可解である」と簡単に触れるにとどめている。

　マルクスのミル批判では皮肉をこめた揶揄的調子が目立つのであるが，それは利潤論の場合も変わらない。ミルは「利潤は価格によって，あるいは購買および販売によって定まるものではない」という。言いかえれば利潤を，流通過程での売買の差額によって説明するいわゆる譲渡利潤説の否定である。その上で「利潤が生れる原因は，労働が，その維持に必要とされるところのもの以上のものを生産する，ということである」と説明する。この点についてマルクスは，先ずリカード以降の利潤論史を簡単に瞥見する。つまりリカー

ドは利潤を資本主義的生産様式に固有の,いわば当然の1事象として取扱い,その源泉などには少しも気にかけず,労働の生産性を論じる場合もただ剰余価値の大きさを規定する原因を求めているだけであった。これに反して彼の学派は,労働の生産力が利潤の発生原因であることを宣言した。これは重商主義者の譲渡利潤説に比べて1つの進歩であったが,しかしリカード学派も剰余価値の源泉に関する切実な問題を掘り下げず,問題を解決したのではなかった。こうした指摘の後で,マルクスは次のようにいう。「リカードから半世紀もあとで,ジョン・ステュアート・ミル氏が,リカードを浅薄化した連中のくだらない逃げ口上をへたに蒸し返すことによって,重商主義者にたいする自分の優越を大いばりで確認しているのは,またなんということであろうか?」と。たしかに譲渡利潤説を否定して,利潤の源泉を労働がその維持に必要なもの以上を生産することに求めること自体はミルの創見ではない。だからといってこの点の強調を,たんに揶揄の対象としてすますだけでよいのであろうか。流通の外観に惑わされて,日常意識のなかでは譲渡利潤説は今日でも繰り返し再生産されている。創見ではないにしても,網羅的に問題を取り上げた概論的な性格をもつ『原理』であれば,むしろこの点に触れることは必要不可欠だったともいえるのではないであろうか。この点は今はこれだけに止めよう。ここではマルクスによってミルが「昔の調子」を繰り返すだけでなく,これに「自分のもの」をつけ加えたとされる部分についてのマルクスの批判を少し詳しく検討したい。

　つけ加えられた部分とは,利潤の源泉についての先の命題

に続く次のミルの議論である。「または，命題の形を変えて言えば，なぜ資本が利潤を生むかという理由は，食物や衣服や原料や労働手段が，それの生産に必要な時間よりも長い時間もつということである」。これについてマルクスは「ミルはここでは労働時間の持続をその生産物の持続と混同している。この見解によれば，その生産物がたった1日しかもたない製パン業者は，その生産物が20年以上も長もちする機械製造業者と同じ利潤を彼の賃金労働者から引き出すことはとうていできないということになるであろう」という。一見すればこの批判はいかにももっともに見える。ミルの議論が個別資本家毎の利潤についていわれていると考えれば，それはマルクスの指摘通り馬鹿ばかしいほど不合理である。しかしそのように即断していいのであろうか。ミルの先の議論の真意を確かめるためには，それを前後の文章との関係において，つまり文脈のなかで理解しなければならない。

先の議論には次の議論が続く。「したがってもしも資本家が，労働者が生産したものはすべて自分が取るという条件をもって，それらの労働者に対しこれらの物を供給したならば，この一団の労働者は，彼ら自身の生活必需品や道具を再生産した上に，なおその時間の一部が残って，資本家のために働きうることとなる，ということである。したがって私たちは知る，利潤が生ずるのは，交換における付随的事項からではなく，労働の生産力からであり，1国の一般的利潤は，いつの場合も，その労働の生産力が，交換が行われると否とにかかわらず，つくるところのものである」。この議論にはいくつか注目すべき点がある。先ず問題とされているのが，

「1国の一般的利潤」であることが分かる。ミルの関心が個別資本家の問題ではなく，社会全体の問題であり，そこで生じる利潤の源泉の問題であったことが確認できる。少し後で，彼は「私たちが仮定している資本家は，ある単一の事業を代表するものではなくて，国全体の生産的産業の1つの型をなしているもの」であることを明言している。そうであれば，前段の議論の意味も分かる。パンは1日しかもたないとしても機械は長期間長もちする。個別的事情は様々でありうる。しかしそれら全体を総合して考えれば，余剰は「食物や衣服や原料や労働手段が，それの生産に必要な時間よりも長い時間もつ」という形をとる。それなしには社会は安定的に維持できない。いみじくもマルクス自身が「もし鳥の巣がそれをつくるのに必要な時間よりも長くもたないならば，鳥は巣なしですまさなければならない」という事態である。この生産に必要な時間よりも長もちする部分が，資本制的生産での利潤形態の物質的基盤となる。こう考えれば，ミルの議論が馬鹿ばかしい暴論とはいえないといわなければならない。

　注目したいのは，利潤は1団の労働者が「彼ら自身の生活必需品や道具を再生産した上に，なおその時間の1部が残って，資本家のために働きうる」ことから生じるといわれていることである。ミルによれば，利潤は労働者が自分のためにだけではなく，「資本家のために働」くことの結果であり，いいかえれば不払い労働時間の産物なのである。この点についてマルクスは特段の言及をしていない。しかしこの点はマルクス自身の立場からしても軽視してよい議論とは思われない。それはミル以前の，しかし同趣旨の議論への評価をみ

れば分かる。たとえばチュルゴーである。彼は土地所有と土地耕作が分離すれば，農民が自分の必要以上に生産する超過分が土地所有者の収入になることについて，彼らは「労働せずに生活することができる」という（『富の形成と分配に関する諸考察』〔『チュルゴ経済学著作集』岩波書店〕）。これに対してマルクスは土地所有者の手中にはいる超過分は「他人の労働の——等価を支払わぬ——取得」であり，したがって「われわれは，フィジオクラートが，農業労働の範囲内で，いかに剰余価値を正しくとらえているか，いかに彼らが剰余価値を賃労働者の生産物としてとらえているか，を知るのである」（『学説史』第2章「重農学派」）と高い評価を与えている。またマルクスは『学説史』の第21章「経済学者たちにたいする反対論」で，いわゆるリカード派社会主義者の議論を検討しているが，あるパンフレットに記された「もし資本が量において増加するだけで価値において減少しないならば，資本家は労働者から各時間の労働の生産物のうち労働者が生きて行けるだけのものを越える部分をしぼり取ることになる」という叙述について，「ここでは直接に利潤などが，労働者がその等価を受けとることのない労働時間の取得に帰着させられている」として，ここでも「リカードを越える本質的な1進歩を含んでいる」という高い評価を与えている。

　表現こそ若干違うとはいえミルの議論も本質的に上記の議論と変わらないにもかかわらず，しかしそれについての肯定的な評価どころか評価そのものがない。ここでも「昔の調子」の繰り返しと判断されたのかもしれないが，公平な取扱いとは思われない。もちろんマルクスは利潤を不払い労働＝

不払い価値とみるだけでなく,「労働力の価値」という概念を提起して利潤取得を価値法則に基づいて説明するというより深い分析を試みている。しかしミルの議論は, 上記の他の議論ともどもそうした分析の前提となる内容を含んでいるのであるから, 評価の欠如はこの時期におけるマルクスの対ミル批判の意識の強さを物語るものといえようか。

こうした利潤源泉論の次に, 利潤率についてのごく短いミル批判が続く。ミルは「1 国の労働者の全体が彼らの賃金総額よりも 20% 多く生産するとすれば, 物価の高低にかかわらず, 利潤は 20% となるであろう」という。これに対しマルクスは, 労働者が資本家のために 20% の剰余価値を生産する場合を仮定して,「利潤は「20% になるであろう」と言うのは, 全然まちがいである。利潤は必ずもっと小さくならなければならない」と批判する。なぜなら,「利潤は前貸資本の総額にたいして計算されるからである。たとえば, 資本家が 500 ポンド・スターリングを前貸ししたとして, そのうち 400 ポンドは生産手段に, 100 ポンドは労賃に投じているとしよう。仮定したように剰余価値率が 20% ならば, 利潤率は 500 対 20, すなわち 4% であって 20% ではない」からである。この批判はもっともである。ミルの例示の場合, 不変資本部分がまったく計算にはいっていないのである。これをマルクスは「V + M のドグマ」という。この誤謬に陥っているのはひとりミルに限らないのであるが,『学説史』第 20 章「リカード学派の解体」のミルの節では, この観点から『試論集』を対象にミル利潤率論に詳細な批判が加えられ

ている。この草稿が書かれた時期には,先に見たようにマルクスは『試論集』と『原理』第2版しか見ていないと推察されるので,『原理』第4版に追加された利潤源泉論が視野に入ることはなく,利潤論についてはもっぱら利潤率論が批判されることになったとしても不思議ではない。

　『学説史』でのミルの利潤率論についての批判は,彼のあげる諸々の事例に即して詳細に検討されており,従ってまた『全集』版原文で43頁,翻訳で60頁と長大である。ここではそのうち最も核心的部分に絞ってその批判内容をみておきたい。一言でいえば,それは「剰余価値率と利潤率の混同」ということになる。マルクスは,リカードから受け継いだミルの「利潤の法則の唯一の表現……は,利潤が賃金の生産費によって定まる,ということである」という命題,『原理』の表現では「利潤率は賃金に依存する。賃金が下落すれば上昇し,賃金が騰貴すれば下落する」という命題ついて,利潤率が「もっぱら賃金の生産費によって定まるということは,ただ唯一の場合しかありえない」といい,「この唯一の場合とは,剰余価値の率と利潤の率とが同一である場合だけである」が,しかし「このことが可能なのは,ただ,資本制的生産においてはほとんど不可能な次のような場合だけである」という。その場合とは,「前貸し資本全体が直接労賃に前貸しされて,不変資本が,原料や機械や建物などのいずれとしてであれ,生産物のなかにはいっていかない場合」,または原料などが「それ自身労働の生産物ではなく費用がかからないという場合」である。しかし上記のようなほとんど不可能な場合を除いて,前貸資本の中には不変資本部分が必ず含ま

れているのであるから,賃金と剰余価値の比率＝剰余価値率（M/V）と前貸総資本と剰余価値の比率＝利潤率（$M/C+V$）は同一ではありえず,ミルの命題は成立不可能なのである。いいかえればミルの命題には,不変資本部分を捨象する「$V+M$のドグマ」が隠されているといってよい。結局は「剰余価値と利潤を区別することなしに,利潤率に関するリカードの命題（労賃と逆比例するそれ）を直接価値論から導き出そうとしている無謀な試み」ということになる。

この無謀には理由がないのであろうか。実はミルは不変資本部分も辿っていけば労働の生産物であり,この先行的前払いは「その全部が賃金から成り立っている」と見ている。そうだとすれば「総生産物のうち,利潤にあらざるものは,すべて賃金の償還分である」（『原理』参照）ということになる。「$V+M$のドグマ」が明言されているのである。しかし仮に不変資本の成り立ちを辿るミルのこの見方を取ったとしても,原料や機械などとして生産に投入される不変資本は,その投入時点ではマルクスのいう通り「もはや利潤にも賃金にも分解することはない」のである。利潤率についての彼のミル批判は,正鵠を射ているといってよい。

『資本論』に戻ってミル利潤論批判の他の面を瞥見しておこう。ここでも対ミル批判意識の強さがうかがわれる。先に引用した文中にある「1国の総利潤はつねに労働の生産力によって規定されているのであって,交換が行われるかどうかにかかわらない」という議論について,マルクスは「ここでは,交換は,売買は,この資本制的生産の一般的条件は,た

だの偶然時なのであって，労働力の売買がなくてもやはり利潤はあるのだ！」と揶揄的に批判する。しかしここでのミルは，交換，売買から利潤を説明する譲渡利潤説の批判を論じているのであって，マルクスの批判は言葉にとらわれた揚げ足とりに近い。またミルの「いつでも私は，わずかばかりの例外を除けばどこでも行われている現在の事態を前提する。すなわち，資本家は労働者への支払いを含めて一切を前貸しする，というのがそれである」という文章に対して，ここでも「今日まで地球上でただ例外的にしか行われていない状態をどこにでも見るという世にもまれな視覚の錯誤！」と皮肉くる。しかしミルがここで前提しているのは，資本制世界の状態であって，これをマルクスは「どこでも行われている」という表現をたてにとり，あたかも資本制的生産形態が歴史のどこでも行われているといっているかのように解釈する。これは曲解であろう。国際労働者協会でのミル派との抗争の影を感じざるをえない。政治上の対立が理論上の過剰批判となってあらわれているというべきであろうか。

　こうした事例とは別に，ミルが不適当な比喩を持ちだしてマルクスの痛罵をくらう場合がある。ミルは「労働者は，もしその間の彼の生存に必要な資力をもっているならば，彼の賃金の全額の支払いをさえも，労働が完了するまで待つこともできるであろう。だが，こういう場合には彼はある程度までは，事業に投資してその継続に必要な資金の１部を提供する資本家であろう」という。これに対してマルクスは「じっさい，現実には労働者は自分の労働を１週間というような期間にわたって資本家に無償で前貸しして，週末などにその市

場価格を受け取るのであるが,このことが,ミルによれば,労働者を資本家にするのである！」と批判する。賃金が後払いされる間の生存に必要な資金について,これを資本家の投資と同等な性格のものと見るのは,たとえ前払いという点での共通性からする比喩とはいえいかにも不適当である。同じ前払いでも労働者はそれで利潤を得るわけではない。資本－賃労働の本質的関係を曖昧にしかねないといわざるをえない。その点で「ある程度までは」というミルの限定が無視されてはいるものの,労働者に資本家的側面を見る点へのマルクスの批判はもっともであろう。

　ミル利潤論批判の結語はこうである。「低い平地ではただの盛り土でも小山のように見える。われわれの今日のブルジョアジーの低さを,その「偉大な精神」と呼ばれる人々の高さによって計ってみようではないか」と。ここにいう「ただの盛り土」というネガティブな評価には,一定の留保が必要であろう。たしかに利潤率に関係する「Ｖ＋Ｍのドグマ」や労働者の資本家的性格についてのミル批判にはこの評価が妥当する。しかし譲渡利潤説批判を主眼とするミル利潤源泉論については,マルクス自身に,1国の総資本についての説明を個別資本の説明と解する誤解や資本主義の歴史性についての曲解があり,また不払い価値に関する公平を欠く取扱いもあり,正当な評価とはいいかねるからである。この種のミルの真意から離れたマルクスのミル批判については,Ｍ．エバンスは「経済思想史上の最大の謎の１つ」といっている。

③ 停止状態論をめぐって

　ミルは『原理』各版の第4編第6章で「停止状態」について論じている。この章はマルクスがミル経済学研究の始めから手にし，その後の研究でも主要文献となった『原理』第2版にも当然含まれているが，彼はこの章に1言も触れていない。成長の限界が深刻に問われている今日から見れば，マルクスの対ミル関係で最も問題なのは，まさしく成長の限界を取り扱っているこの停止状態論に，彼が少しも関心を払っていないということではないであろうか。先ずはミル停止状態論そのものを瞥見しておきたい（より詳しくは拙著『近代経済思想再考』を参照していただきたい）。

　ミルは停止状態を論じる前の数章で，資本の増加，人口の増加，生産の改良という3要因をあげ，これらの原因が様ざまに組み合わされる5つのケースを想定して，諸階級への生産物の分配に及ぼすそれぞれのケースの影響を分析している。この分析結果を要約して，ミルは「地主，資本家，労働者の3者から成る社会の経済的進歩は，地主階級の漸進的富裕化の方向に向かっている。そして労働者の生活資料の費用は大体において増大する傾向をもち，利潤は下落する傾きをもつ」と結論づけている。分析の要になっているのは，農地および鉱業資源，ことに前者の有限性である。こうした利潤率の低下傾向に抵抗する反作用的事情として，彼は恐慌期における資本破壊，貨幣賃金の低下を可能にする生産上の改良，安価な必需品や低廉化を可能にする生産手段の輸入，

利潤率低下圧力となる蓄積資本の輸出の4つをあげている。この中で,彼がことに重視しているのが安価な食糧や原料の輸入と資本輸出である。外国貿易と資本輸出が,利潤率の低下傾向＝停止状態への接近に歯止めをかける役割を与えられているのである。これによって利潤率の低下傾向は相当の期間阻止されうると見られているのであるが,しかしこれにも限度があり,富裕な国の内部では停止状態へ接近する圧力がかかり続けていて,「停止状態を最終的に避けることは不可能である」と考えられている。

　この分析のうち,リカードとともに重視されている肥沃な農地の減少による農業生産力の低下の問題には留保が必要であろう。『原理』以後,土壌化学,灌漑技術,機械化やそれを背景にした農地の拡大などに伴って農業革命とも称すべき農業生産力の増大が1度ならず生じているからである。ただそれも現在では限度に近づいており,ランドラッシュといわれる国際的な農地争奪戦が始まっている。一方利潤率の低下圧力の要因となる資本過剰は,ミルの重視する資本輸出や恐慌,戦争などによる資本破壊によって処理されてきたが,歴史の推移を見れば彼のいうように利潤低下圧力は絶えずかかり続けていて,今日では先進諸国では異常ともいえる低金利に象徴されるような低成長が経済体質化している。だがここではこの問題については立ち入って論じる余裕はない。今は次の点を確認するに留めたい。

　ミルによれば「富の増加が無際限のものではない」ということ,「終点には停止状態が存在する」ということは,経済学者たちにより「ともかく必ずいつの場合にも認められてき

た」のであった。地球上の経済資源が有限であり,経済活動を許容できる自然環境にも限界がある以上当然ともいえる。問題はこうした停止状態がいつくるのか,またそうした状況をどう見るのかということであろう。前者は今日では成長の限界＝文明崩壊の危機についての「ローマ・クラブ」の度重なる警告が示しているように,ミルの時代とは比較にならない深刻な状況になっているが,それには最後に簡単に触れるとして,ここでは先ず後者についてのミルの見方を検討しておきたい。

多くの経済学者にとっては,停止状態の存在は認めても,それははなはだ愉快でない,希望を失わせる見通しであった。今日でもそうであろう。しかしミルは停止状態を嫌悪の情をもって見ることをしない。むしろ現状よりも大きな改善になるものと考えている。彼は自らの経済的地位の改善に苦闘することこそ正常状態で,そのために人を踏みつけ,押し倒すことが人類の運命であるという考えには「魅力を感じない」という。それは文明進化の１段階であっても,社会の完成した姿ではない。彼にとって最善の状態とは,誰も貧しくなく,そのためもっと富裕になりたいとは思わず,また他人の抜け駆けを恐れる必要のない状態である。たしかに後進国では富の増加が重要な目的になるが,進歩した国々に必要なのは「よき分配」と「厳重な人口の制限」であるというのがミルの見方である。

「よき分配」は,一方における個々人の節倹と勤労に応じた果実の取得と他方における財産の平等を促進する立法(贈与・相続による取得金額の制限)とが共同で作用すること

よって実現される。労働者層の給与は高くなり,個々人自ら
が獲得できたもの以外に莫大な財産はないが,荒々しい労苦
を免れて心身ともに余裕をもって人生の美質を探求できる
社会になる。「人口の制限」については,技術の進歩と資本
の増加が続けば,人口の一大増加を容れる余地はあるにして
も望ましいことではない。協業と社会的接触に必要な人口の
密度は,人口周密な国々では達成されている。地球が人口を
養うために開発されつくして,「自然の自発的活動」の余地
が残されていない世界は,人に満足を与えない。ミルは強調
する,地球から自然が与える楽しさをことごとく取り除くと
すれば,「私は後世の人々のために切望する,彼らが必要に
強いられて停止状態にはいるはるかまえに,自ら好んで停止
状態にはいることを」と。

　最後にミルは,経済の停止状態が人間的進歩の停止を意味
するものではないことを確認する。そこでもあらゆる精神的
文化や道徳的進歩の余地がある。むしろそこでこそ,文化
的,道徳的進歩がこれまで以上に大きな目的となる。産業上
の技術改善の余地もこれまでと変わらない。その改善は富の
増加という目的のみに奉仕することを止めて,労働の節約と
いう本来の効果を生むようになる。

　停止状態についての以上のミルの認識のうち,重要と思わ
れる3点を摘出しておこう。1つは諸資源の限界性の指摘で
ある。食糧と貨幣賃金の騰貴をひき起こし,利潤率を低下さ
せる要因として論じられていたのは肥沃な土地の減少であ
った。また鉱物資源についても,それが再生されない原料に
依存しているために,石炭や大部分の金属は全部か1部が枯

渇していく。ミルは富裕な国々でのこうした限界性は,外国貿易や植民地獲得によって当面は切り抜けられると考えているが,しかしこの指摘は世界規模で進む今日の資源の有限性の問題を先取りしたものといえる。

2つは経済的目的から行われる「自然破壊」への厳しい批判である。増加する人口を養うために「自然の自発的活動」の余地が残されていない状況を想定しながら,ミルはいう,「人間のための食糧を栽培しうる土地は一段歩も捨てずに耕作されており,花咲く未耕地や天然の牧場はすべてすき起こされ,人間が使用するために飼われている鳥や獣以外のそれは人間と食糧を争う敵として根絶され,生け垣や余分の樹木はすべて引き抜かれ,野生の灌木や野の花が農業改良の名において雑草として根絶される……このような世界を想像することは,決して大きな満足を与えるものではない」と。だからこそ彼は切望する,こうした状況に陥る前に「自ら好んで停止状態にはいることを」と。自然が人間に与える喜びという観点から,今日では「生態系サービス」と呼ばれる手を加えない自然の貴重さが論じられているが,それは「自然の自発的活動」の意義を強調している点で,自生的な生態系や生物多様性の維持を眼目とする今日の自然保護思想の先駆といってよい。

3つは人間社会にとっての精神的,文化的,道徳的進歩の意義の強調である。彼はひたすら自分の経済的地位の改善を求め,そのために人を踏みつけにすることも厭わない社会状況を正常とはみない。それは文明進歩の途上における過渡的1段階にすぎない。文明の進歩とは,何よりも精神的,文化

的，道徳的進歩であり，それはやみくもな経済成長からの転換が行われる停止状態においてこそより強まると見られている。今日焦眉の課題となっている経済成長至上主義から訣別する文明観の転換の要請が，早々と表明されている。

　マルクスにもこうしたミルの議論に重なる部分がある。ミルは停止状態社会での「よき分配」の根幹に，勤労に応じた果実の取得を置いている。マルクスは，分配は生産と不可分の関係にあることを指摘しつつ，共産主義の第1段階においては，分配は投じられた個人的労働量に基づくものとしている（「ゴータ綱領批判」）。労働量に応じた分配というこの分配面での両者の共通性は，ミルが当時の社会での「格差社会」化を批判して「労働の生産物が，ほとんど労働に反比例して割り当てられる」と論じている点を指して，マルクスが彼を「俗流経済学的弁護論者の仲間と混同することは，まったく不当であろう」と例外的にポジティブな評価していることと表裏の関係にある。

　「自然破壊」への批判という点でも，批判の角度こそ違えある種の共通性が認められる。ミルが強調したのは，「自然の自発的活動」の意義であり，それが人間に与える喜びであった。これに対してマルクスは，資本制的大工業は「より多く労働力を，したがって人間の自然力を荒廃させ破滅させる」が，工業的大農業は「より多く直接の自然力を荒廃させ破滅させる」として警鐘を鳴らしている。土地のもつ「肥沃さの源泉」の破壊である（『資本論』第3部）。彼の自然観については別に検討する必要があるが，ただ留意すべきことの

1つは，上記いずれも生産に関わる「自然力」の破壊であることに象徴されるように，彼には主として自然を人間が労働を通して関係する物質代謝に関わる面で捉える傾向があることである。少なくとも「自然の自発的活動」そのものの保護を強調するミル的視点は基調音ではない。それはミルと対照的な「大陸全体の開墾」(『共産党宣言』)の肯定的評価の中に象徴的に示されている。2つは，自然破壊の問題は直接的な金銭的利潤を志向する資本制的生産がそれを強めることを認めたとしても，それは経済活動一般にも潜在しているということである。経済活動が資源を消費し環境を改変する側面を伴う以上，明らかなのは何よりも先ずどんな社会形態でも適切な制御が必要であることである。メソポタミア，ギリシャ，小アジアなど古代文明の後には，耕地をうるための乱伐の結果として砂漠化が待っていた。しかし問題はそれに止まらない。経済活動が絶え間なく拡大し続けるとしたら，自然はそれをどこまで許容できるであろうか。これは停止状態の評価とつながっている。^(注)

(注)『資本論』第1部にも，資本制的農業について同趣旨の議論(「資本制的生産は ……人間と土地とのあいだの物質代謝を攪乱する。すなわち，人間が食料や衣料の形で消費する土壌成分が土地に帰ることを，つまり土地の豊穣性の持続の永久的自然条件を，攪乱する」)がある。こうした見方はリービヒの研究から学ばれたもので，マルクスは「自然科学の立場からの近代的農業の消極的側面の展開は，リービヒの不朽の功績の1つである」という。
　文中にある「物質代謝の攪乱」は，たんに農業の問題に限られているわけではない。この観点を基礎に「マルクスのエ

コロジー」を説く議論も少なくない。問題はマルクスが『資本論』第3部でいう「この物質代謝を合理的に規制し，自分たちの協同的統制のもとにおく」ということで，仮に資本制生産にともなうこの攪乱問題を解決しうるとしても，果たしてそれが限界なき経済成長と両立しうるかどうかであろう。そこからミル停止状態論の意義の問題が浮上する。

さらにミルが停止状態においてこそ産業上の技術改善が富の増加という目的のみに奉仕することを止めて，労働の節約という本来の効果を生むようになるという点についても，マルクスに同趣旨の議論がある。労働が節約可能になれば，それによって自由に処分できる時間が，ミルのいいかたでは「人生の美点美質を自由に探求できる時間」が増大する。マルクスも「富とは自由に処分できる時間である」ことを強調し，したがってまた「自由に処分できる時間の創造ということに，富の発展のすべてが基礎をおいている」といい，また「社会の発展，社会の享楽，社会の活動の全面性は，時間の節約にかかっている。時間の節約，すべての経済は結局そこに解消する」ともいう（『要綱』）。こうした観点を基礎にして，『資本論』第3部で「必然の国」と「自由の国」とが対比的に論じられる。「必然の国」とは，人間が生活を維持し再生産するために労働する領域であり，「自由の国」とは，人間がこうした物質的生産のかなたで「人間の力の発展」を「自己目的」として活動する領域である。2つの領域は，多かれ少なかれあらゆる社会段階に存在するが，「自由の国」が拡大しうるためには，「必然の国」での生産性向上による「労働日の短縮が根本条件」であるということになる（『資本論』

第3部）。労働の節約＝労働日の短縮こそ，技術改善＝生産性向上の本来の，そして究極の目的と見ていたという点では，両者は共通する。

　ただここで最も問題としたいのは，ミル停止状態論とマルクスとの上記のような，重要ではあるが幾つかの論点での類縁性ではない。問われるべきは，マルクスはミル停止状態論を目にする機会をもちながら，なぜこれに何の関心も示さなかったか，という問題である。

　スミスを始め古典派の経済学者たちは，経済成長のプラス・ゼロ・マイナスを基準として経済状態を「進歩」，「停止」，「衰退」という3つの状態に区分するのが通例であった。しかしミルによれば，これらの経済学者たちは，富の増加が無際限ではないことを暗黙のうちに認めながら，衰退的状態はもちろん停止状態も，はなはだ愉快でない，希望を失わせる見通しであって，経済的に望ましいのは進歩的状態だけと見ていたのであった。たしかにアダム・スミスは，『諸国民の富』の中で，人民の大多数にとってもっとも幸福で快適なのは，巨大な富を獲得してしまったときよりも，社会がその獲得に向かって前進している進歩的状態にあるときだといい，これに対し停止的状態はゆううつであると否定的見方をしている。こうした見方は，今日でも経済学者の多くに，あるいはまた今日の社会一般に支配的な感情であって，だからつねに経済成長が至上命令のように追い求められることになる。ミル停止状態論に触れないマルクスもまた，停止状態に目をつぶるこうした感情を共有していたのであろうか。ま

た別の理由があったのであろうか。

>　（注）周知のことだが，今日経済成長率が問題になる場合，それが交換価値を基準にしていることに留意しておかなければならない。それは経済成長と社会的進歩の関係を考える際，重要な問題となる。この問題を大変分かりやすい事例で説明している記事を紹介しておきたい。「若者たちが当たり前に使う1台8万円の最新スマホが，25年前ならいくらの価値があったか想像してほしい。ずっと性能が劣るパソコンは30万円，テレビは20万円，固定電話7万円，カメラ3万円，世界大百科事典は全35巻で20万円超……。控えめに見積もったとしても，軽く80万円を越える。……ただ，この便益の飛躍的な向上は国内総生産（GDP）というモノサシで測ったとたんに見えなくなる。80万円超の大型消費が，統計上はスマホの8万円だけにへることさえあるのだ」(朝日新聞)。
>　経済成長率には寄与しないとしても，産業上の技術改善が社会的進歩に大きく貢献することは可能である。各種の人間労働を代替できる人口頭脳の開発の進展についても，失業問題への対処を誤らなければ，同様なことがいえる。これは停止状態への評価の問題につながる。

　マルクスは「ゴータ綱領批判」の中で，将来の共産主義社会を「第一段階」と「より高い段階」に分け，後者を「個人が分業に奴隷的に従属することがなくなり，それとともに精神労働と肉体労働との対立がなくなり」，「労働がたんに生活のための手段であるだけでなく，労働そのものが第1の生命欲求となり」，「個人の全面的な発展にともなって，またその生産力も増大し，協同組合的富のあらゆる泉がいっそう豊かに湧きでるようになった」社会と特徴づけている。このように富が「いっそう豊かに湧きでる」状況であればこそ，分配

の原則を各人の「必要に応じて」とすることが可能になる。この段階はマルクスにとって社会発展の究極の姿であるが，まさしくこの段階で富が湧きでて，必要に応じた分配が可能になるほどの生産力の成長が想定されているのである。太田仁樹は近著『論戦　マルクス主義理論史研究』（岡山大学）で，これをマルクスの「夢物語」と呼んでいるが，停止状態とは無縁の状況である。この見地からすれば，成長の限界を説くミル停止状態論に関心が示されなかったのも当然というべきであろうか。

　関連して想起されるのは，『要綱』における「資本の偉大な文明化作用」の議論である。列挙されている具体的事例は多様だが，1言でいえば，資本が「生産力の発展，欲望の拡大，生産の多様性，自然力や精神力の利用と交換をさまたげるいっさいの制限をうちこわしていく」ことが，「偉大な文明化作用」として肯定的に評価されている。資本自体のもつ制限と矛盾が，同時に指摘されてはいる。しかし「たえず拡大し豊かになっていく欲望の体系」に対応して，「労働の種類と生産の種類がたえず拡大し包括的になっていく体系の発展」というこの文明化作用自体は，「偉大な」という形容に明らかなように，人類史を高度化させるポジティブな性格として捉えられていることは明らかである。この50年代の『要綱』の観点は，60年代の『資本論』第3部での「必然の国」と「自由の国」の議論の際に，「欲望の拡大」とそれに対応する「欲望を充たす生産力の拡大」という観点が，その議論の前提として置かれている点に継承されている。さらにそれは先に見たように，晩期70年代の「ゴータ綱領批

判」の将来社会像にも受け継がれている。こうした観点が維持されている限りでは，ミルの強調する成長の限界という発想は入り込む余地がないのである。

> (注)「いろいろの物の新しい有用な特質を発見するために全自然を探査すること。あらゆる他所の風土と国々の生産物を全面的に交換すること，自然対象を（人工的に）加工し，それによって，それらに新しい有用価値をあたえること。……したがって自然科学を極点まで発展させること。同様に，社会自体から生れる新しい欲望の発見，創造，充足，社会的な人間のあらゆる性質の陶冶と，できるだけ豊かな欲望をもつものとしてのそうした人間の生産」等々が，「資本の偉大な文明化作用」の事例としてあげられている。

早い段階から，現代経済の成長至上主義からの脱却を説き，広く影響を与えたのは1972年に出されたローマ・クラブの「人類の危機」レポート（『成長の限界』ダイヤモンド社）であった。私なりに論点を整理すれば，①各種資源の有限な状況，②廃棄物等による自然環境の汚染，の深刻化が指摘されると同時に，経済成長が「人類の危機」を招来させつつある状況が転換させられた後の新たな社会のあり方として，③均衡状態の世界の実現が提唱されている。その際ミルの停止状態論が肯定的に引用されている。ミルの議論では時代状況を反映して，石炭を除くエネルギー資源や廃物・廃熱・核廃棄物などの問題が取り上げられていな点を別とすれば，資源の有限性，自然環境，停止状態という3つの論点は，両者で重なり合っている。ミルの先見性をあらためて確認できよう。

上記レポートを提出したグループは，その後もデータの検証を続けて，1992年と2004年に第2，第3の報告書を出している。そこでは事態は深刻化を増し，地球崩壊の予兆さえうかがえることが指摘されており，崖の向こう側にいく前に「行き過ぎ」からの「引き返し」が喫緊の課題となっていることが強調されている。ミル停止状態論とそれをめぐるミル・マルクス関係は，こうした今日的問題から照射される必要があろう。^(注)

　（注）この点について，わが国を代表した2人のミル研究者の発言を紹介しておこう。「ジョン・ステュアート・ミルが『経済学原理』で，定常的状態（stationary state）を論じ，それの実現を強く提唱した部分は，現代の状況からみて，最も精彩のあるところである」（四野宮三郎『J.S.ミル思想の展開Ⅰ』御茶の水書房）。「環境汚染や資源枯渇や人口爆発の問題がクローズアップされてきた現在，こうしたミルの所論〔停止状態論－引用者〕があらためて見なおされているのは自然のことです」（杉原四郎『J.S.ミルと現代』岩波書店）。

おわりに

　20世紀末の旧ソ連を始めとする「社会主義」諸国の崩壊はマルクスに関わりを持った人々に衝撃をあたえた。これら「社会主義」諸国は，実際にはマルクスの理念から遠く離れた「新しい階級社会」（スイージー）でしかなかったが，「マルクス・レーニン主義」という呼称の下に，形ばかりと

はいえマルクスの思想・理念を指導原理としていたのであるから，その崩壊は彼の思想・理論全体の破綻の証明であるかのように感じられたとしても不思議ではなかった。これら「社会主義」諸国の変革をこそ希求していた人々をも，重い衝撃波が襲ったのである。経済学の世界でも，マルクス批判を手土産とする『資本論』研究からの遁走も流行した。しかし私見では，少なからぬ問題を含むとはいえ，マルクスはなおスミス，ヘーゲル，ウエーバーなどと同様近代思想史上の高峰たるを失わない。スケールの大きい歴史観，労働時間論を中心とする経済本質論，物象化の全面的展開としての資本主義分析など今なお示唆的な所説は少なくない。最近話題のトマ・ピケティ『21世紀の資本』(みすず書房)が時間的にも空間的にも広範囲のデータを集めて実証しているように，1980年代まで経済格差を縮小させてきた動きを，市場原理主義＝新自由主義的政策が反転させ，いま先進各国で「格差社会」化が急速に進んでいる。こうした状況下で，マルクスへの関心が一定程度復活している。マルクスを否定するにせよ肯定するにせよ，マルクスの思想と理論への周到な収支決算が不可欠であろう。本稿は，経済学史の1場面でのこのような収支決算作業の1環である。

第2章　J.S.ミルとマルクス
——株式会社論と協同組合論——

はじめに

　今年（1998年）は，J.S.ミルの経済学上の主著『経済学原理』の初版が出版されて150年目にあたる。これを記念して，私の所属する経済学史学会では10月の全国大会で，共通論題として「J.S.ミルと現代」が取り上げられ，「価値と分配」，「功利と選好」，「統治の経済的役割」および「フェミニズムの射程」という4論点をめぐって，活発な議論が展開される予定である。また昨年から今年にかけて，ミル経済学に関する研究書の出版も相次いでいる。ミル経済学についての包括的で体系的な研究書である馬渡尚憲『J.S.ミルの経済学』（御茶の水書房，1997年7月）をはじめ，四野宮三郎『J.S.ミル思想の展開』（御茶の水書房，1997年7月），前原正美『J.S.ミルの政治経済学』（白桃書房，1998年3月）などがそうである。

　今年はまた，マルクスがエンゲルスと共同して執筆した政治的文書『共産党宣言』（これには資本主義経済とその歴史的役割についてのスケッチ的分析が含まれている）の刊行150周年でもある。これを記念して1997年10月の経済理論学会全国大会では特別分科会が設けられ，『宣言』の「経済学と社会主義理論」，「農民問題」，「エンゲルスとその功罪」など

5つの報告が行われ,さらに今年4月の経済学史学会関東部会でも『宣言』の評価をめぐってシンポジュームが行われている。本集会もこのような試みの1環といってよい。(注)また研究書としても,従来の『宣言』理解に再検討を加えた篠原敏昭・石塚正英編『共産党宣言――解釈の革新――』(御茶の水書房,1998年3月)が出版されている。

　このような上に紹介した学会や研究書の動向は,見られる通りミルとマルクスの思想的関係を直接問題にしたものではない。ミルは19世紀中葉最も著名で影響力ある経済学者であったし,マルクスは19世紀後半から20世紀の社会主義運動に強大な影響を与えた人物であったが,両者はまた国際労働者協会(第1インターナショナル)を舞台に共通の接点をもっているのである。『原理』と『宣言』の150周年を契機に,両者それぞれについての研究上の関心の高まりがある現在は,彼らの思想的関係を比較検討してそれぞれの特徴を明らかにし,それを通して彼らの思想のもつ現代的意義を考察する格好の機会といえるであろう。ここでは両者の社会変革構想を,その株式会社論と協同組合論を切り口として比較対照してみることにしたい。

　(注) 本稿は,1998年5月東京で開催された「『共産党宣言』150周年討論集会――マルクスの相対化と社会主義――」(社会主義理論学会主催)での主報告を,いくらか手を加えて文章化し,愛知大学『経済論集』(149号)に掲載したものである。

第1節　ミルの株式会社論と協同組合論

『原理』第3版(1852年)第4編第7章「労働階級の将来の見通しについて」(以下「将来」章と略記)において,労働階級はいつまでも雇用者と被雇用者との分裂状態に満足していることはできないとして,「雇用関係の廃棄」をめざす2つのアソシエーションの組織化が提唱されている。1つは「資本家と労働者とのアソシエーション」であり,いま1つは「労働者たち相互のあいだのアソシエーション」である。

①　資本家と労働者のアソシエーション

ミルはこの形態のアソシエーションを,「労働による貢献か金銭的資源による貢献かを問わず,その人の貢献したものの価値に比例して,パートナーとして利害関係を持つ」ような関係として規定している。この形態は,出来高払い制度を含むのであるが,しかし彼がこの形態のなかで最も重視し,したがって中心的に論じているのは利潤分配制度である。彼はこの形態の典型として,パリの家屋塗装業者ルクレールが30余年も前に始めた実験をあげている。そこでは支配人としてのルクレールと平均200人あまりの職人が,固定的な給料をえたのちに,さらに「各自の給料に比例して,剰余の利潤を分け」あったという。この剰余利潤の分配によって,労働意欲が刺激されただけでなく,作業中の酩酊,放歌,喫煙,喧嘩さえ珍しくなかった労働者のあいだに規律と人間的尊重の念が増大したという。この個人企業は,その後合資会社に発

展するのであるが,利潤分配制度は引き続き維持されている。利潤分配の比率は異なるものの,類似の例として,ミルはデュポンによる印刷業,ジスケによる製油業などをあげて,過渡的なものにせよ協同原理の実現を準備する実験的試みとしてこのアソシエーションに高い評価を与えている。

　ミルはこの利潤分配制が株式会社に広く普及することを期待していた。『原理』初版出版時には,イギリスでは株式会社の設立の自由は法定されておらず,また株主以外への利潤の分配も認められていなかった。当時は株式会社における労働者への利潤の分配は,法的に不可能だったのである。しかし1855年の「有限責任法」の制定によって事情は変化する。彼は『原理』第6版に,株式会社における利潤分配制について,次のような事例を紹介してこれに高い評価を与えている。

　「ヨークシャのノーマントンの近くにある,ウイットウッド・アンド・メスリー炭鉱のブリッグス商会は,すでにその第1歩を踏み出した。同商会は今日,これらの炭鉱を1会社によって採掘し,その会社の資本の3分の2は引き続き自ら所有しているが,残る3分の1の割り当てに当たっては,「同商会に雇われている職員および労務者」に対し優先権を与えようとしている。しかも――これはなおいっそう重要な点であるが――年利潤が10パーセントを越えた場合には,いつでもその超過分の半額を労働者や職員のあいだに（株主になっているかいないかを区別せずに）その1年間における彼らの収入に比例して分けているのである。このような大規模な労働雇用者たちが,彼らに雇われ

ている労働者たちに対しても，また社会的進歩の一般的利益に対しても，ともにこれほど大きな福音を与えるところのこの制度を率先して実施しているということは，彼らの大きな名誉となることである」。

ここでは労働者に対して利潤の分配が行われているだけではない。労働者に対する株式の優先的割り当ても試みられている。利潤分配制に従業員持株制が合体させられているのである。そしてミルは，このような労資間のアソシエーションの形成に，それが労働者に対してだけでなく社会的進歩にとっても「大きな福音」を与えるものとして，最大級の賛辞を捧げている。彼は株式会社の自由な設立の制度化のために，『原理』で株式会社のもつ長所を分析してそのための理論的武器を提供しただけでなく，議会特別委員会での「証言」によって「有限責任法」の実現に少なくない実際的貢献を果たした（彼はスミス的な株式会社否定論を株式会社肯定論に転換した点で，経済学史上の分水嶺をなしている）のであるが，それは株式会社がたんに経済発展を担う主体として普及することを期待したからだけでなく，それによって可能となる株式会社におけるこの労資間のアソシエーションの形成に多くの期待を寄せていたからでもあった。「有限責任法」制定以後については，彼は株式会社をこそ労資間のアソシエーションが試みられる主要な舞台と考えていたとみても大過はないであろう。

②　労働者間のアソシエーション

　ミルはこの形態のアソシエーションを,「労働者たちがその作業を営むための資本を共同で所有し,かつ自分自身で選出し罷免できる経営者のもとで労働するところの,労働者たち自身の平等という条件に則ったアソシエーション」と規定する。いいかえればそれは労働者協同組合のことである。この形態のアソシエーションが,「雇用関係の廃棄」のための組織として『原理』に登場するのは第3版以後のことである。この事情について,彼はフランスにおける協同組合の経験を検証した結果,「協同組合が労働者の間にもっと広く,もっとすみやかに普及する機運は熟している」と考えられ,したがってまた「これらの協同組合を第1歩とする社会的転換」の可能性を確信するにいたったからだと述べている。これは彼の社会主義への思想的転換の表明とみることができる。彼自身『自伝』において,『原理』初版では社会主義の難点を強く指摘して全体の調子も反社会主義的であったが,大陸の理論と経験を研究した結果,現行制度や社会機構を「単に暫定的」とみる社会主義的立場に態度変更を行ったことを自認している。

　ミルはこの形態のアソシエーション＝労働者協同組合の成功した実例として,14人の労働者によって設立されたパリのピアノ製作工場を挙げている。道具と材料は自分で仕事をしていた幾人かが提供し,流動資本は共同で出資された。経費を払えば,賃金のためには何も残らないという困難な状況は,製作されたピアノの評価の向上によって克服された。組合員

数も増加し,この協同組合は独立の2つの組織に分かれたが,その一方だけで,設立5年で当初の出資流動資本の300倍に近い流動資本を所有するにいたった。この繁栄を可能にしたものとしてミルが指摘するのは,生活の窮乏をいとわず資本形成につとめた設立当初の精神の継続と組織的規律の厳守とであった。彼はまたこの「規律への自発的服従は人間的価値と人間的尊厳の観念を生み出した」ことを強調している。

　フランスにおける協同組合運動は,上記の例だけでなくランケ・アソシエーション（印刷業）,ランプ製造職人友愛組合,宝石職人組合,サン・タントワーヌ家具製作組合など多くの成功例をもっている。しかもこの運動は,ドイツ,イタリア,スイスにも広がり,イギリスにおいてもフランスに匹敵する成功例があるとして,ミルはロッチデイル公平先駆者協会の発展過程を詳細に紹介している。この協会は,当初少数の労働者の家庭用品を調えるための小店舗の設立から始まったが,10数年を経て食料品部,衣料品部,食肉部,製靴部など7部門を抱えるまでに成長し,かつ製粉工場や綿および羊毛工業など製造業にまで事業を拡張するにいたっているというのである。彼はこの協会以外の実績にも言及しつつ,イギリスにおいて「協同組合は今日,現代の進歩的傾向を構成する重要な要素」として認識されるにいたっているという。

　ミルはこのような協同組合の全社会的浸透によって,「勤労者と有閑者とに分裂」した状態を廃止し,「個人的な勤労努力によって正当にかちえたもの以外の全ての社会的優越性」を消滅させることによって,「民主的精神がいだく最善の抱負を実現させた社会」への変革が可能だと主張しているのであ

る。

③ 当面好都合な事態と将来

 しかしミルは第2形態のアソシエーションである協同組合について,上に見たような楽観的展望をもっているにもかかわらず,それが利潤分配制度をとる第1形態のアソシエーションと,かなりの期間にわたって共存することが望ましいと考えている。それは後に触れるように,資本家によって指揮される産業パートナーシップとの共存こそ,協同組合の理事者たちの積極性を高め,警戒心が低調になるのを防ぐ点で有益だと考えられているからである。とはいえ究極の事態は,協同組合が支配的となる社会状態の実現が企図されている。彼は次のような展望を描いている。

 「結局,しかもおそらくは予想以上に近い将来において,私たちは,協同組合の原理によって次のような社会——個人の自由および独立と集団的生産の道徳的,知的,経済的な利益とを兼ね備えた社会,暴力や略奪に訴えることなしに,また現存の習慣や期待を急激に攪乱することさえなしに,少なくとも産業の部面において社会が勤労者と有閑者とに分裂するのを廃止し,自分の個人的な勤労努力によって正当にかちえたもの以外の全ての社会的優越性を消滅させることによって,民主的精神がいだく最善の抱負を実現させた社会——への変革にたどりつく道をもちうるであろう」。

 この文言の中に,彼の希求する社会が「個人の自由および

独立」を基礎として，それを「集団的生産の道徳的，知的，経済的な利益」と統一させた社会であること，そのような協同組合社会化は「暴力や略奪」に訴えず，また「現存の習慣や期待を急激に攪乱する」ことなく，漸進的に実現しなければならないと考えていること，その実現が「予想以上に近い将来」に可能だと楽観していることがよく表れている。

④　ミル・アソシエーション論の特徴

　ミル・アソシエーション論を貫く特徴の第1は，彼の目指したものがたんなる富の偏在の是正＝分配関係の改善ではなく，労働の場での支配・従属関係の変革＝自立した個人による自己統治の実現であったことである。もちろん労働者の貧困からの解放が軽視されていたというのではない。彼によれば，労働生産物は「労働に反比例して割り当てられ」ており，したがって「現存の社会的諸害悪のうち第1に述べられてよいのは貧困の害悪」なのであった。したがってまた利潤分配制度も協同組合も，その第1の意義はそれが労働者に報酬の増加をもたらす点にあった。しかしまたミル・アソシエーション論をこのように「労働の成果の公正な分配」という観点だけでみるならば，それはおそらく彼の思想の核心を見逃すことになろう。

　ミルは，労働階級の解放は彼ら自身がその知的能力と道徳的徳性を高め，自己統治の力量を確立することによって始めて可能となるとみていた。この過程で労働者の人間的尊厳も回復していく。注目しておかなければならないのは，このような資質がたんに個人的な努力や訓練によってではなく，む

しろ「他の人たちとともに，また他の人たちのために」活動するなかで獲得されるとみられている点である。「これらの美しい資質を育成する学校となるのは，利害の孤立ではなく，その連合」なのである。彼が雇用関係の廃棄に向けてのアソシエーションの実験的試みのなかにみようとしていたのは，まさしくこれらの点であった。

たとえば利潤分配制度については，資本家と労働者の利害が利潤分配によって相互に支えあい結合される関係になることで，作業中の酩酊や喫煙や喧嘩などの無規律が熱意と献身へと変化するだけでなく，人間関係そのものが改善され，「他人および自分自身に対する尊重の念の増大」を生じさせる点が評価されている。ただ労働者の自立を促す学校として最も大きな意義が与えられているのは，労働者間のアソシエーション＝協同組合である。ここでは雇主への労働者たちの従属が廃棄され，彼ら自身が労働の場の指揮者となり，こうして労働者は自らの主人として自立する。しかしこの過程は苦難なしにはすまなかった。ミルは協同組合がもっとも成功した事例は，自分たちの零細な資金と小額の借入をもとに，パンと水とで生活しながら資本形成につとめるような場合であったという。彼はこのような過程を経て形成された，労働者が連合して自己統治するこの制度にともなう「道徳的革命」を評価して，「社会の道徳的革命とは，労資間の恒常的不和の解消であり，相対立する利害のために闘う階級闘争から万人に共通な利益の追求における友誼にみちた競争への人間生活の転形であり，労働の尊厳性の高揚であり，労働階級における新しい安定性と独立性であり，すべての人間の営みの社会的

共感および実際的知性の学校への変形である」という。これらの点こそ,協同組合へのミルの積極的評価の核心をなしていた。だから逆にまた,協同組合が堕落し労働者企業という形だけ残して内部に支配・従属関係を生み出すことにきわめて警戒的である。その実例も生まれていた。彼はロッジデイルの製造工業協会の「堕落」を指弾しつつ,事業には成功しても「この制度の根本原理を放棄して少数株主の株式会社となる」ならば,それは現存制度の改善への貢献とはみなしえないという。この協同組合は,「全労働者の利害の共同」という武器を失い,「利潤に対して何らの利害関係をもたない雇用労働者を使用する」だけのものにすぎないからである。

　ミル・アソシエーション論のいま1つの特徴は,アソシエーションのもつ生産力の増進効果である。第1形態のアソシエーションについていえば,利潤の分配という刺激によって労働者の労働意欲が高まり,労働生産性の増進がもたらされる。だから利潤を労働者に分配してもなお,資本家の獲得する利潤はこの制度が導入される以前よりも多かったことが再三指摘されている。この制度は労働生産性の上昇からくる物質的利益を労資双方にもたらしたのである。この観点は第2形態のアソシエーションについても貫かれている。彼が協同組合を評価するのは,上記の道徳的革命の見地からだけではない。それは社会的生産力を増進させうるものと見られているのである。たとえば消費協同組合の場合は配給業者の数を削減させ,このことによって多数の労働者が生産のために解放される。彼はこれを「世界の資源の一大節約」として評価している。生産協同組合の場合は生産的エネルギーに対する

刺激は一層大きい。「最大の仕事をなすということを,集団としての労働者たちの原理とし,利益とする」ようになるからである。

しかしミルは協同組合については,それが競争状態から解放されれば生産性の減退をもたらす可能性をもつことを危惧している。彼が第2形態のアソシエーションが当面,資本家に指揮される第1形態のアソシエーションと共存するのが望ましいと考えたのもこのためである。私的資本家との競争が,「協同組合の理事者たちの積極性と警戒心とが低調となるのを防ぐうえで非常に有益である」からである。この競争の意義の強調は,協同組合のネットワークからなる協同組合社会が成立した場合についても同様に貫かれている。彼は社会主義者たちの共通の誤りとして,習慣の奴隷となり,改革に消極的となりがちな人間の性向を看過することをあげ,競争を進歩への刺激として,最善ではないにせよ現在では必要なものとみなしている。協同組合社会では,協同組合間の競争状態の維持が,生産力の改良・発展に不可欠だとみられているのである。雇用関係の廃棄をめざす2つのアソシエーションは,いずれも生産力の増進を可能にするものとして評価されているのであるが,それが競争を不可欠な条件とする点で,当時の社会主義者と対照的な立場にたっていたということができる。

第2節　マルクスの株式会社論と協同組合論

マルクスは『資本論』第3部のための「主要草稿」の中で,「資本主義的株式会社も,協同組合と同じに,資本主義的生産

様式から連合した生産様式への過渡形態とみなしてよいのであって、ただ、一方では対立が消極的に、他方では積極的に揚棄されているだけである」といっている。株式会社は対立の消極的揚棄、協同組合は対立の積極的揚棄として区別されながらも、しかしいずれも次の生産様式への過渡形態とみなされている。

① 株式会社論

　マルクスは1850年代後半に書いた一連の時事論文のなかで、当時の英仏の株式会社の実態の分析を試みている。そこでは先ず株式会社が「現代社会の生産諸力を発展させる強力なてこ」であることが強調され、積極的に評価されている。それは社会から大量の資本を調達して1つの資本に統一することによって、個別的資本では実現できない規模の企業を創業できる会社形態であった。しかし株式会社は、このように資本の集中機構であるだけでなく、1種の産業王ともいうべき大株主への支配の集中機構でもあった。「彼らは自分の保持する株式の額に対してだけ責任をもち、しかも会社の全資本を支配する」のである。大株主の支配下にある寡頭的な取締役会の下に、官僚的な機構が設けられ、その下に普通の賃金労働者が存在するこの支配構造を、彼はフーリェにならって「産業的封建制度」と名づけている。マルクスの批判の目は、しかしまた別の面にも向けられている。それは株式会社が、取締役たちの私的利害関係にもとづく投機や詐欺的行為に利用されているという側面である。彼はフランスにおけるクレディ・モビリェやイギリスにおける銀行などの経営の乱

脈の実例をあげて,「株式組織の企業の道徳性」を厳しく指弾している。

株式会社の実態が以上のようであるとすれば,それははたして次の生産様式への「過渡形態」たりうるのであろうか。1860年代に書かれた『資本論』でも,株式会社が大規模生産を可能にして生産力の増進に寄与するという指摘も,またこの制度が投機や詐欺と結びつきやすいという指摘もある。これらの点では時事論文と基本的には変わらない。しかし『資本論』には時事論文とは異なる,株式会社の支配機構についての全く新しい分析があり,それが株式会社を「過渡形態」とみなす評価と連接している。その核心部分を示そう。

> 「現実に機能している資本家が（他人の資本の）単なる経営者に転化し,資本所有者は単なる所有者,単なる貨幣資本家に転化するということ,彼らの受けとる配当が利子と企業者利得とを,すなわち総利潤に等しい場合でも（というのは,経営者の俸給は一種の技能労働の単なる労賃であるか,またはそうであるはずのものであって,その水準はあらゆる種類の労働と同じに労働市場で決められるのであるから）,この総利潤は,ただ利子の形態でのみ,すなわち資本所有者の単なる報酬としてのみ,受けとられるのであって,この資本所有者が今や現実の過程で機能から分離されることは,（経営者の）機能が資本所有から分離されるのとまったく同様である。……株式会社では,機能は資本所有から完全に分離されており,したがってまた,労働も生産手段と剰余労働の所有から完全に分離されている。この

ような最高に発展した資本主義的生産の結果こそは，資本が生産者たちの所有に，といってももはや個々別々の生産者たちの私的所有としての所有ではなく，連合した生産者である彼らの所有に，直接的な社会的所有としての所有に，再転化するための必然的な通過点なのである」。

ポイントは株式会社制度が発展していけば，資本所有者＝株主は「単なる貨幣資本家」に転化して，「機能は資本所有から完全に分離」されるという新しい認識にある。いいかえれば会社資本＝現実資本の支配は，「経営者から最下級の賃労働者にいたるまでの全てを含む現実の生産者」，なかでも今日の産業制度の「魂」ともいうべき「産業経営者」に移る。こうして「資本家はよけいな人物として生産過程から消えてしまう」のである。株式会社の発展が資本所有者を現実資本の支配から分離していくことになるとすれば，それは「資本所有の潜在的な揚棄」であり，生産手段が「連合した生産者」たちの所有に転化するための「通過点」と位置づけられても不思議ではない。

それでは時事論文での株式会社像は『資本論』では否定されているのであろうか。そうではないであろう。『資本論』では，時事論文でのように当時の株式会社の実態がそのまま描きだされているのではなく，その実態から1歩離れて「最高に発展した資本主義的生産の結果」としての株式会社が論じられているのである。それは資本主義的発展のなかで顕在化してくる，株式会社形態の本質的特徴（＝資本による支配の間接性・媒介性）に由来する，その帰結（経営者による支配

への逆転）を析出したものであった。その意味でそれは予見であった。そしてそれはまた，20世紀になって現れてくる様々な経営者支配論や経営者革命論のあまりにも早い先駆であったというべきであろう。そして資本所有から分離したこの株式会社は，それ自体としては経営者と一般労働者との対立を含むとはいえ，「連合した生産者」による支配に転化する潜勢力をもつものと位置づけられいるとみることができる。

② 協同組合論

『資本論』では協同組合企業を株式会社と比較しながら，それを次の生産様式へのより積極的な過渡形態と位置づけ，その理由を以下のように論じている。

> 「労働者たちの協同組合工場は，古い形態のなかでではあるが，古い形態の最初の突破である。といっても，それはどこでもその現実の組織では既存の制度のあらゆる欠陥を再生産しているし，また再生産せざるをえないのであるが。しかし，資本と労働との対立はこの協同組合工場のなかでは揚棄されている。たとえ，はじめは，ただ，労働者たちが連合体としては自分たち自身の資本家だという形，すなわち生産手段を自分たち自身の労働の価値増殖のための手段として用いるという形によってでしかないとはいえ」。

株式会社では現実資本への支配が経営者に移ったとしても，資本所有者が外部に存在する。また内部に機能資本家の権能を受け継いだ経営者と一般労働者の対立が構造化してい

る。それに対して協同組合では、生産手段は労働者たち自身の所有であり、また原則的には内部的対立は揚棄されている。この意味で協同組合は株式会社に比べ、同じく過渡形態とされながら、資本と労働との対立が「積極的に揚棄」されているとされ、より高い位置づけを与えられている所以であろう。

しかしマルクスのこの積極的な協同組合評価は、生涯を通じて必ずしも一貫したものではなかった。彼が協同組合にはじめて言及したのは、1850年代の初頭である。しかしその評価はかなり否定的なものであった。彼は1848年革命の敗北後、労働者の1部に協同組合運動への熱中が生まれていることについて、この試みは「古い世界自身のもっている巨大な手段をすべて使って、この古い世界を変革することをあきらめ、むしろ社会のうしろで、個人的に、プロレタリアートの限られた生存条件の範囲で、プロレタリアートの救いをなしとげようとする運動」だとして、「空論的な実験」、「かならず失敗する運動」と酷評する(『ルイ・ボナパルトのブリュメール18日』)。しかしこの評価は、60年代に入ると大きく変化する。彼は自ら執筆した「国際労働者協会創立宣言」(1864年)のなかで、協同組合運動＝協同組合工場を指して「所有の経済学」に対する「労働の経済学」の最も大きな勝利を示すものだといい、「これらの偉大な社会的実験は、いくら大きく評価しても評価しすぎることはない」という。というのも、それは議論によってではなく行為によって、近代的生産にとって主人としての資本家は不必要なこと、賃労働は自発的で喜びに満ちた心で勤労にしたがう「連合労働」に席をゆずらざるをえないことを示しているからである。ただし彼は勤労大衆

を救うためには「協同労働の全国的規模での発展が必要であり，そのためには国民の資金でそれを助成しなければならない」こと，したがって土地の貴族と資本の貴族とから「政治権力を獲得することが，労働階級の偉大な義務となった」ことを強調する。労働階級の解放のためには政治権力の先行的獲得が必要だということは，協同組合運動の自生的発展への評価が最も高かったこの時期にもなお貫く彼の一貫した主張であった。彼の書いた同協会ジュネーブ大会（1867年）への提案文書のなかにも，この「宣言」と同じ立場からさらに包括的な考察が試みられている。そこでは協同組合の社会的実験としての大きな意義が指摘されるだけでなく，消費協同組合よりも生産協同組合に力点をおくべきこと，普通の株式会社への転化を防ぐために出資者を含め全雇用労働者は同様な分け前にあずかるべきこと，など協同組合運動への政策的指針が示されている。やはり同協会の文書として書かれた『フランスの内乱』（1871年）では，資本主義生産の内部で発展する協同組合が新しい生産様式への過渡形態というだけではなく，次の生産様式＝共産主義そのものが諸協同組合の連合体として積極的に構想＝規定されるにいたっている。「協同組合の連合体が1つの共同計画にもとづいて全国の生産を調整し，こうしてそれを自分の統御のもとにおき，資本主義的生産の宿命である不断の無政府状態と周期的痙攣とを終わらせるべきものとすれば，諸君，それこそは共産主義，「可能な共産主義」でなくてなんであろうか！」と。しかしこの時期以降，協同組合運動への積極的意味での言及は影をひそめていく。むしろビスマルク体制下の国家の援助によって協同組

合の設立を要求するラッサールの構想の批判にみられるように，協同組合運動のもつ欠陥と甘さの指摘に力点がおかれることになる（この点で，「国家補助」による協同組合の建設も，それが「目的を達成するための多くの他の方策の中のただ1つの方策」ということであれば，これを容認する構えをみせるエンゲルスと微妙に相違している）。

このようなマルクスの協同組合評価の変化は，60年代に生産協同組合設立の機運が高まり，それが70年代に破綻するというイギリスにおける協同組合運動そのものの盛衰にほぼ対応している。『資本論』や「宣言」における協同組合運動評価は，その評価の変遷のなかで，運動の高揚を背景に最も高い評価が与えられた時期のものである。運動の停滞とともに，このような高いトーンでの協同組合への言及は消えていくが，しかしこのことは協同組合を過渡形態とみ，協同組合の連合体を共産主義とした彼の基本的主張そのものの変化を意味するものではないであろう。

③ マルクスの株式会社論・協同組合論の特徴

マルクスは株式会社と協同組合をともに「資本が生産者たちの所有に……再転化するための必然的な通過点」,「連合した生産様式への過渡形態」として位置づけている。この認識が含意しているのは，新しい生産様式への移行の物質的条件の成熟が，旧い生産様式の発展そのものによって準備されるという見方である。このことを「労働者の側での協同組合の発展，ブルジョアジーの側での株式企業の発展」の分析によって明らかにすること，これが彼が株式会社論・協同組合論

で明らかにしようと試みた大きな目的の1つではなかったかと思われる。

　協同組合工場のなかでは，資本と労働との対立は揚棄されている。資本＝生産手段は生産者たち自身の所有であり，生産そのものも彼ら相互の協議にもとづいて遂行される。そこでは資本＝生産手段を全社会的に連合した生産者の所有に転化し，生産を彼らの共同計画によって調整・統御するための物質的条件が，いわば「解放区」的に準備されているのである。株式会社ではどうか。生産力の発展という要求と私的所有の狭隘な限界との間の矛盾を解決するためのものとして生まれた株式会社は，しかしその発展のなかで所有と機能の完全分離＝「経営者から最下級の賃労働者にいたるまでの全てを含む現実の生産者」による現実資本の支配を生み出す。たしかに株式会社のこの発展段階でも，協同組合とは違い，法制度的には資本所有者の現実資本に対する間接的な支配権は失われていない。しかし現実資本の事実上の支配が生産機能者の側に移行しているとすれば，ここでも資本＝生産手段が連合した生産者の所有に，直接的な社会的所有に転化する物質的条件が準備されているということができる。マルクスが注目するのは，こうした諸例が「物質的生産力とそれに対応する社会的生産形態とのある発展段階では，いかに自然的にある生産様式から新たな生産様式が形成されてくるか」ということを示している点にある。資本主義的生産様式はその発展によって，その内部に次の生産様式の形成を準備しているとみているのである。準備のないものを人工的につくり出すことはできない。アビネリは，「マルクスが株式会社と協同組

合工場を,資本主義から社会主義へのかくれた移行が生じている過程の2つの事例として挙げた」ことは,「政治権力を頼りにしてできることは,すでに社会 - 経済構造に存在している潜勢力を実現させること以外ではない」というマルクスの社会主義革命観を象徴するものだとみている。

にもかかわらず,マルクスの株式会社論・協同組合論,ことに後者からうかがえるいま1つの特徴は,生産様式の移行に果たす政治権力の先行的獲得のもつ意義の強調である。同じく政治権力の役割を重視する革命観に,社会主義革命のそれ以前の革命との異質性を強調するレーニンに由来する革命観がある。それによれば,ブルジョア革命では中世社会の胎内に資本主義的生産様式が自然発生的に形成されてくるので,その足かせとなった封建的政治制度を絶滅することがその任務となる。しかし社会主義革命では資本主義の胎内に計画的な生産と分配の組織=社会主義的生産様式が自然発生的に形成されることはないので,政治権力の獲得によってその生産様式自体を意識的につくり上げることが課題になる。このレーニン以来通念となった革命観とマルクスの革命観は,後者では資本主義の胎内に社会主義的生産様式の基礎となるいわばひな型が生まれてくると見られている点で区別されなければならない。この対立は,レーニンが社会主義をそれを構成する諸組織の内部構造を軽視して,主として全社会的な計画的生産と分配の体系として(それもいわば国家集権主義的に)把握する傾向をもっていたという点と関連している。

この対立にもかかわらず,社会主義の実現には政治権力の先行的獲得が不可欠だという認識は,マルクスの生涯を一貫

している。『共産党宣言』ではプロレタリア階級は「まずはじめに政治的支配を獲得」しなければならないことが強調されている。先に紹介した「国際労働者協会創立宣言」でも協同組合の意義を高く評価しながらも，何よりも資金調達の面の困難から資本主義内部ではその発展に限界があるとみられている。協同組合の全体制的発展には，政治権力の獲得による資金的助成が不可欠なのである。したがって「政治権力を獲得することが，労働者階級の偉大な義務となった」こと，それなしには協同組合によって「大衆を解放することはけっしてできない」ことが強調されている。

　マルクスの社会変革の構想については，補いあう2面を見なければならない。1つは新しい社会は，旧い社会の内部で自然発生的に生まれたものを条件とし，土台とすることなしには実現できないこと，他の1つはその実現のためには政治権力の獲得という媒介が必要だということである。進化にもとづく革命の構想といってよい。とはいえ，進化と革命のどちらをどの程度重視するかで，構想は様々でありうるし，マルクス自身の構想もその生涯で様々なブレを経験している。ムーアはマルクスの社会変革構想には，その生涯で3つのパターンがあったという。1つは永続革命＝少数者革命のパターンであり，2つは増大する窮乏＝多数者革命のパターンであり，3つは競争する諸体系＝改良主義のパターンである。革命と進化の関係で革命に最も比重が高いのが第1の，進化に最も比重が高いのが第3のパターンということになろう。ムーアは，この3つのパターンはマルクスの革命論の歴史的変化を示すと同時に，彼のなかにある種の緊張状態をもって最

後まで共存していたとみ，またレーニンが継承し仕上げを加えたのは，マルクスにとっては初期の革命論である少数者革命のパターンであったとみている（『三つの戦術』岩波書店）。『資本論』の株式会社論・協同組合論におけるマルクスの構想は，第2パターンと第3パターンとの中間形態というべきであろうか。

第3節　ミルとマルクス――社会変革構想の比較――

　上のような株式会社論・協同組合論にうかがえるミルとマルクスの社会変革構想を，従来取り上げられることの少なかったミルのそれ（遺稿「社会主義論」の議論を含めて）をやや前面に押し出しながら，3点にわたって比較検討してみよう。

① 選択と必然
　ミルは資本主義と社会主義という2つの経済体制の選択を社会的実験の結果にゆだねている。彼はいう，「数ある共有財産制度のうち，土地および資本の私有制にもとづく『産業組織』を廃止し，それに代わって登場すべき制度として適当なものがあるか，あるとすればどの程度まで適当であるか，あるいはいつ適当となるかということは，実験が解決すべきことである」。つまり彼は社会主義を否応なしの歴史的必然とは見ていないのである。両体制の長所と短所を冷静に比較考量した上で，人間の自由と幸福にとってどちらの体制が優越しているかが決められるべきだと考えている。ここに彼の功利主義思想との関連がみられる。この選択は，しかし少数の

賢者による単なる理論的考察によって決定されるべきものではない。彼はこの選択には「実験の機会」が必要であり，またこの実験は大衆自らの手による社会的実験でなければならないと考えている。人々は「自分たちのために思考する仕事およびいかに行動すべきかを決定する仕事を支配者の手にゆずりわたしてはならない」のである。自立＝自己統治を強調する彼の思想からすれば当然というべきであろう。この意味で彼は，社会生活の諸機能の運営という困難な問題に社会的実験という準備もなく突入し，1撃のもとに「中央権力による国の全生産資源の管理」に移行する，いわばエリートに主導される「革命的社会主義」を厳しく退けている（「社会主義論」参照）。もしこの試みが反対されれば，自分たちの英知に自信をもち，他人の苦悩に容赦のない指導者による「恐ろしい流血と不幸」とがおこるであろうと，歴史を先見するような予想さえしている。このような見地から，彼は産業パートナーシップと協同組合，ことに後者の成功と普及という社会的実験を通して，社会主義が肯定的な社会的認知をうける必要を強調している。協同組合のネットワークとしての社会主義の実現はその結果でなければならなかった。しかし彼はその実現を，たんに期待していただけでなく大いに確信もしていたのであった。

　これに対してマルクスは社会主義を資本主義に続く歴史的必然と把握している。たとえば「彼ら〔ブルジョア階級―引用者〕の没落とプロレタリア階級の勝利は，ともに不可避である」（『共産党宣言』）といわれ，「資本主義的生産は，自然過程の必然性をもって，それ自身の否定を生み出す」（『資本

論』）ともいわれている。社会主義は「不可避」であり，「自然過程の必然性」なのである。どうしてそういえるのか。彼は「ブルジョア社会の胎内で発展しつつある生産力が，同時にこの敵対関係の解決のための物質的条件をもつくりだす」（『経済学批判』）からだという。この物質的条件とは，何よりも生産の社会的性格の発展であろう。つまり生産手段の社会的利用＝共同的生産手段への転化の条件の成熟であり，資本家の側での株式会社，労働者の側での協同組合の発展はそれ自体その成熟の証左であった。しかも株式会社はその発展のうちに現実資本の支配を経営者を頂点とする生産者に移行させ，協同組合の内部では労資の対立は揚棄されている。こうして資本主義社会の胎内に，資本家の指揮・支配なき生産の条件が生みだされているということになる。こうした経済的基礎過程の動向に，階級闘争に鍛えられた労働階級の政治的力量が，経済恐慌などの危機を媒介的契機として統一されることによって，社会主義は必然化するとされるのである。

② 進化と革命

　ミルは社会主義の実現を現経済体制の改良・改善を通して，漸進的に進化するものとして把握している。彼は雇用関係の廃棄を目指して，産業パートナーシップと協同組合との二つのアソシエーションの組織化を提言しているが，協同組合社会主義への道はこの２つのアソシエーションの現体制下での競争的共存の過程を経て進むものとされる。この構想の基礎には，「社会主義論」で強調されていることだが，歴史的変化についての次のような認識がある。「歴史における即座の結果

は，一般に皮相なものである。将来の出来事の根底に深く根ざしている諸原因は，その結果の最も重要な部分をゆっくりとしか生みださず，またしたがって，それらが生みだしつつある諸変化に一般の注目があつめられるまでに，そのまえに時間がすぎて周知のものごとの秩序の1部となっている」。歴史の根底的変化は，本質的に緩慢であるというのである。だからまたその変化が人々に感知されるころには，それは既存の社会秩序の1部と化しているというのである。この認識と相関して，彼が社会主義の主体的条件という問題に関して次のように指摘している点に注目しておきたい。彼は「社会の再生のための計画は，平均的な人間を考慮しなければならない」ということを強調している。平均的な人間が無理なく受け入れることができる社会秩序でなければ，それは長続きできないとみられているのである。だからまた彼はいう，共産主義の成功のためには，その条件として社会成員の道徳・知性双方の高い水準を必要とするが，「現在の状態からそれへの推移はゆっくりとしたものでしかありえない」し，「用意のできていない住民たちを共産主義社会に強制することは，たとえ政治革命がこのような試みをおこなう権力をを与えるにしても，失望に終わるであろう」と。ソ連「社会主義」の歴史的経験をあたかも予見したかのような鋭い指摘といってよい。政治革命先行による社会主義を否定し，人間変革を含めて社会内部での漸進的改良と改善による変化こそ肝要とする彼は，「改良的社会主義者」または「進化論的社会主義者」（シュムペーター）というべきであろう。

　これに対してマルクスの政治権力の役割についての認識

は,社会主義への漸進的進化を説くミルのそれとは対立する。彼が生涯を通じて,社会主義の実現のためには政治権力の先行的獲得＝革命が必要だみていた点は先に指摘した。では獲得された政治権力の果たす任務は何であろうか。『共産党宣言』では,「その政治的支配を利用して,ブルジョア階級から次第にすべての資本を奪い,すべての生産用具を国家の手に,すなわち支配階級として組織されたプロレタリア階級の手に集中し,そして生産諸力の量をできるだけ急速に増大させる」ことだとされている。ここにいう「すべての生産用具を国家の手に集中する」という,いわば国家集権主義的構想はその後修正を加えられ,60年代には社会主義は資本主義の胎内で成長する協同組合を基礎とする「協同組合の連合体」として把握され直された。しかしこの協同組合を全国的規模で発展させるには,「国民の資金でそれを助成する」必要があり,そのために「政治権力を獲得することが,労働者階級の偉大な義務」とされるのである。プロレタリア階級の支配する国家が,ブルジョア階級から「すべての資本を奪い」その資本はもともと労働者階級の生みだしたものとみられているせよ,それを協同組合の助成のために配分するという限りで,政治権力の任務についての基本認識は依然保持されているということができよう。だから彼は「もしわれわれがわれわれの戦術を,そうですね,ミルの経済学から引きだすとすれば,資本に対する戦争でわれわれが勝利を期することは,ほとんどできないでしょう」というのである。彼は晩年になお,資本主義と社会主義との間には革命的転化＝政治的過渡期があるとし,この過渡期の国家は「プロレタリアートの革命的独裁

以外にはありえない」と主張しているのであるが,それは政治権力の先行的獲得とその任務について,時期により強弱のブレはあるにせよ,生涯にわたって一貫する認識が横たわっていたことの証左であろう。

③ 市場と計画

　ミルの期待する社会主義は,相互に競争する協同組合のネットワークとしての社会主義,その限りで市場と分権の社会主義ということができる。この特徴は,彼の競争の意義の重視と重なり合っている。彼によれば当時の社会主義者は,私的所有とともに競争を労働階級に疫災をもたらすものとして敵視していた。しかし彼によれば,この敵視は競争についての誤解にもとづく。つまり最良の社会主義者でも,「競争の作用についてはきわめて不完全な一面的理解しかもっていない」のである。彼らは現経済制度のもとでの競争の作用についても,その効果の半分しかみず,他の半分を見過ごしている。たとえば競争はもっぱら賃金を押し下げる作用をするとみられているが,しかし競争は,完全に自由であれば報酬の不平等を平準化し,一般的平均におちつかせるのである。競争への敵視は,社会主義における競争の排除を主張させる。しかし競争は進歩への刺激として勤勉や技術革新に大いに役立つ。こうして「アソシエーションとアソシエーションとの間の競争は,消費者たちの,いいかえればもろもろのアソシエーションの,つまり勤労階級全般の,利益となる」のである。彼の構想する社会主義は,それを競争と結合させたところにその核心がある。つまりそれは,それぞれに自立した協

同組合が市場競争によって媒介される社会主義である。単位をなす協同組合は、それを構成する労働者が自主的に協同・協議して計画し、管理し、生産する。協同組合間の関係は、市場競争によって規定されるのである。このように協同組合間の関係が市場によって媒介されるとすれば、それは同時に中央権力によって生産と分配を一元的に管理された、いわば1国1工場型の集権的社会主義とは対極にある分権的社会主義といってよい。その意味で彼のいう社会主義が、いまは崩壊した自主管理と市場とを結合させた分権型のユーゴスラヴァ型社会主義との相似を指摘されるのも理由のあることである。それはまた市場と分権の社会主義という限りで、今日の社会主義論議の1焦点である「市場社会主義」の「原型」といってもよい。

マルクスもまた、初期の議論を別とすれば、実現されるべき社会主義を「協同組合の連合体」として把握している。この限りではミルと同じである。しかしミルが協同組合間の関係を市場競争に媒介されたものとして捉えていたのに対し、マルクスはそれを共同計画に媒介されたものとして捉える。先に紹介したように、協議にもとづく計画によって全国の生産を調整・統御し、市場競争につきものの無政府状態と恐慌を揚棄すること、これが彼の社会主義像の核心であった。したがって社会主義社会は、商品交換なき社会として構想される。彼はいう。「生産手段の共有の上に建設された協同組合的社会の内部においては、生産者は彼らの生産物を交換しない。ここでは生産物に転化された労働はこの生産物の価値としても、またそれらの有する物的性質としても現れない。と

いうのは，今や資本主義社会とは反対に，個人的労働はもはや間接にではなくて，直接に総労働の構成分として存在するからである」(「ゴータ綱領批判」)と。ここでは，個々人の労働の社会的有用性は，彼らの生産物が市場でその価値を実現するという媒介的形態をとって証明される必要はないのである。この点では両者の社会主義像は全く対立する。それではマルクスは市場競争に代わって全国の生産を調整・統御する共同計画は誰がどのように立案するのか，またその計画内容はいかなる経済計算にもとづくものなのか，さらにその計画の実施はどのような仕方で遂行されるのかといった諸点についてどのように論じているのであろうか。しかし彼はこれらの点では，示唆するに止まり多くのことを語っていない。この課題は，むしろ意識的に後代の人々への宿題として残されているのである。

　以上のようにみれば，大略ミルの社会主義論は選択・進化・市場の社会主義論であり，マルクスのそれは必然・革命・計画の社会主義論であったということができよう。両者の議論にはそれぞれ長所もあれば短所もある。その意味では両者の議論の相対化と総合化が必要とされよう。ただソ連・東欧の歴史的経験を考慮すれば，従来等閑視されてきたミルの議論は，その今日的意義があらためて問いなおされる価値をもつように思われる。

おわりに

　ミルとマルクスにとって，資本主義の胎内で発展する株式

会社と協同組合とはいずれも次の経済体制を準備する社会変革の重要な舞台であった。ミルにあっては両者は雇用関係の廃棄を目指す2つのアソシエーションとして押さえられ，マルクスは両者を次の生産様式への過渡形態・通過点と規定する。この面では2人の視点は共通である。最後に，この共通の視点が今日どの程度現実的意味をもちえているかを，簡単に検討しておこう。

　協同組合，ことに生産協同組合の発展に対する過剰な期待は，歴史によって厳しい審判を下されているというのが一般的評価である。協同組合の普及を妨げる障害の1つは，資本調達の困難である。ことに生産財生産部門のような基軸的産業分野では，経営を可能にするだけの資本を労働者の乏しい資力によって調達することは極めて困難である。第2に販路の問題がある。消費協同組合の場合は販路は組合員自身であるが，生産協同組合の場合は販路は外部に求めざるを得ない。資本家企業が労働者企業である協同組合との取引に積極的に応じると想定することは困難である。こうして消費協同組合を除いて，協同組合は時期的に盛衰はあっても歴史的に大きな広がりをもちえなかったし，今後もその意義を主張しえないとされるのである。しかしことはそれほど単純ではない。

　1970年代の後半以降，西欧諸国ではラテン系諸国を中心に消費協同組合の不振と対照的に，伝統的分野をこえて生産協同組合が発展し，組合数でも労働者数でも増加の趨勢にあるといわれる。近年の数字では，企業数で4万5000，労働者数で73万に達しているという。なかでも最も注目を集めているのは，スペイン・バスク地方のモンドラゴン協同組合複合

体の事例である。1956年石油ストーブの生産から始まったこの協同組合運動は，家電製品，機械類，電子機器，家具などの工業を中心に，農業，建設，消費などの分野にも拡大し，1993年現在この複合体には3グループからなる90の協同組合が加わり，労働者2万5000人というスペインを代表する巨大企業に成長している。資本調達の面でも，複合体全体の紐帯という面でも，金融センターとしての労働者人民金庫の役割が大きいという。

このような生産協同組合の発展を背景に，大量生産＝大量消費の産業資本主義の行き詰まりや環境問題の深刻化などを見据えながら，近未来は「協同組合の時代」だという主張や「協同組合セクター論」の再評価などが行われつつある。フォーケによってかって主張された後者の議論は，国民経済を公的，資本家的，私的＝前資本主義的，協同組合的セクターに分け，自然資源の第1次的活用から最終消費にいたる全経済過程のうち，協同組合が成立しやすいのはこの過程の両端であり，中間領域では優位に立つ資本家的セクターとの間に闘争が生じるとみる。この議論は，協同組合運動の近年の動向を背景に，協同組合が多元化する経済体制の重要な1セクターを担いうることへの説得的説明を与えるものとして社会的認知をうけつつある。このような協同組合論はまた，現経済体制の改革による新しい経済体制の拠点の形成という観点からも論議されている。その意味ではミルとマルクスの協同組合論はなお今日的意義を失っていないということができる。

次に株式会社に目を転じよう。ミルでは株式会社は利潤分配制度が試みられる社会改革の舞台であった。またマルクス

では資本所有を支配から分離させる株式会社はそれ自体次の生産様式の過渡形態であった。しかし利潤分配制度は多くの場合労働者の労働組合への不参加が条件とされていたこともあって失敗の歴史をたどったといわれるし，株式会社を過渡形態とみる見方も大株主による支配の集中という現実（今日ではこの現実認識自体が問題なのであるが）から不適切なものとして退けられることが多かった。それでは両者の議論はこの点でも歴史の審判を受けたものとすべきであろうか。たしかにたとえば利潤分配制度という具体的形態は普及しなかったかもしれない。しかし株式会社を社会改革や経済体制の移行と連接させようとする両者の視点自体は，今日ますますその重要性を増しているように思われる。

　ドイツにおける株式会社や有限責任会社での労資共同決定の制度はよく知られている。労働組合の強い要求であったこの制度は，最初は鉱山・鉄鋼部門に導入され，1976年には「共同決定法」の成立によって全産業部門に拡大された。この法律では，2000人以上の従業員をもつ企業では監査役会のメンバーの半数が株主側，半数が労働者側から選出される（2000人以下の企業では労働者代表は3分の1）ことになっている。監査役会は日常業務を担う取締役＝経営陣を管理指導する中枢機関であるが，ここでの労資同数のメンバー構成は，たしかに一方で労働者が資本主義的企業体制に組み込まれる危険を内包しているとはいえ，逆にまた労働者が企業に対し統制と介入を行う可能性を与えている。またこのような労働者代表の会社機関への参加の法定は，会社は株主の所有物であるという思想を排して，株主と労働者の利益をともに実現すべ

きものだという思想への転換を制度として表現するものといってよい。

このような試みの一層進化した形態としてスウェーデンにおける労働者基金制度がある。この国でも労働者の経営参加は1977年に法定されている。この労働者基金制度は，労働者の管理する5つの「基金」が企業利潤を原資として，株式を購入し株主となることによって，労資共同決定にさらに効力を与えようとしたものである。1983年に成立した法律によれば，企業は利益の20％を特別税として基金に納付し，これを財源としてそれぞれの基金は最高8％（5基金で40％）まで株式を買うことができる。基金は企業の共同所有者＝大株主となることによって，経営への発言権を強化することができる。この制度は，労資共同決定制度を前提として，これにミルが高い評価を与えた従業員株主制度を備えた利潤分配制度（ブリッグズ商会の例）を個別企業をこえて展開したものといえる。この制度については，1990年まで実験的に実施されたが，その後基金組み込みは中止されている。

このような事例を，今日の新しい所有論の見地から理論的に規定すれば，それは株主が現実資本を支配し，その機能の成果を配当として受けとるという1物1権的なローマ法型の内容包括所有が，株主権と経営権と労働者参加権とに分離して，1物多権的なゲルマン法型の内容分割所有に変化したものということができよう。このような所有内容の分割の進展をマルクスは株式会社の発展の帰結として予見していた。資本主義的生産の発展は資本所有者＝株主による現実資本の支配を堀り崩し，その支配は経営者を頂点とする全生産者に移

行するものとみられている。だからこそそれは次の生産様式への過渡形態だったのである。ミルもまた「社会主義論」の中で，土地所有を例にその権利内容が時代と場所により大きく変化していることを論じている。同じ私的＝個人的所有の内部でその権利内容が歴史的に変化しうることを主張しているのである。これは私的所有か共同所有かという２分法の限界を超える観点であろう。そしてこの観点が，株式会社を漸進的な社会関係の改革の舞台として位置づけさせることになっているといってもよいであろう。彼らの議論は，今日の新しい所有論の展開の先駆という意味をもつだけでなく，現実にも株式企業の改革——総会屋への利益供与事件，飛ばしなどの不正経理事件，大蔵省・日銀を舞台とする贈収賄事件など企業不祥事の続発は，わが国における企業改革の必要性を強く訴えかけているのであるが——を進める上で貴重な視点を提供するものということができる。

第3章　ミル停止状態論と現代

はじめに

　愛知大学在任時の経済学史講義を回顧しながら，講義で十分触れえなかった問題や学生の反応が強かった問題などを補うなかばエッセイ風の講義録補遺を，愛知大学『経済論集』に「経済学史点描」（1～5）として連載した。これらの連載論考に対するコメントや感想への応答を「追記」などのかたちで行った他，本文へもかなりの追補を加えた上で，これにさらに既出の2編を加えて，2013年1月『近代経済思想再考──経済学史点描──』（ロゴス，以下『再考』）を上梓した。この著作について，鈴木和雄教授（弘前大学）から『季報唯物論研究』（第123号：2013年5月）に，諸泉俊介教授（佐賀大学）から『図書新聞』（2013年8月17日）に，それぞれに好意的な書評を寄せていただいた。その労に深謝したい。

　また2013年6月には，大学時代の友人知己30名あまりが，同書の出版を記念する会を開いてくれた。この場を借りてお礼を申し上げておきたい。会を開くにあたって会の世話人から，本書の内容に関わって「最終講義」を行ってほしいとの要請があった。わざわざ記念の会を開いてくれるご好意に応えるために，久方ぶりに壇上にたつことにしたが，同書の多岐に渉る論点のうちのその1部にテーマを絞る（たとえばス

ミスの倫理学と経済学とか,マルサスとリカードの穀物法論争とか)よりも,本書の底流にあり各章とも比較的に関連の強い問題をあらためて抽出して論じることにした。その際の表題は「土地・農業・農産物の経済学史」としたが,このテーマの他に,『再考』序章で取り上げた大学のユニバーサル化と教育方法の変化という問題も取り上げたため,時間的余裕が無くなり,説明は駆け足気味で不本意な内容となった。その後いま少し説明を丁寧にして当日の「最終講義」の不十分な点を補うとともに,いま少し視野を広げることにして新たな視点を織り込み,表題も「経済成長とその帰結」に改題した論考を発表した。経済成長至上主義の当否という問題は現代社会に深刻に突きつけられている難題であるが,本論考はそれを経済学史の側面から照射してみたものであった。

　本論考は(1)と(2)に分かれている。(1)は経済成長の前提条件を論じ,(2)で経済成長の帰結としての停止状態をミルの所説を軸に論じ,あわせて停止状態論の視点から現代の状況を俯瞰した。本書では,本書のテーマとの関連で(2)を第3章に置き,(1)を第3章の補論として第4章に置いた。

　第4章では,農業の発展が工業化の基盤をつくり,工業化の進展が経済成長の動因となることを主題的に論じている。本書では順序は逆だが、それをうけて、経済成長そのものが,いわば永久運動のように無限に持続可能なのかどうか、いいかえれば経済成長を制約するものは何も存在しないかどうかを問うことになる。この点で,経済成長が成長の基盤を浸食するいわば逆説的な「成長の限界」の存否が問題となる。

以下本章第1節では、こうした問題をスミス・リカード・ミルの所説をたどって、ミル停止状態論にいたる経済学史の窓から覗いてみることにしたい。その上で第2節では、ミル停止状態論の論点を念頭に、こうした問題を巡って深刻化する現代の状況を概観することにしたい。

第1節　経済成長と停止状態
──スミス・リカード・ミル──

① スミス

経済成長による「普遍的富裕」の実現を主張するのがスミスである。彼は「『諸国民の富』の草稿」の中で、生産力の増大によって「文明社会では、富の著しい不平等にもかかわらず、最下層の人びとにも達する普遍的富裕」がひきおこされるという。この最下層にまで達する富裕の一層の浸透こそ、彼の希求する状況であったことは、主著『諸国民の富』（大内兵衛・松川七郎訳、岩波文庫）における高賃金歓迎論を見れば分かる。彼は高賃金による下層階級の境遇の改善が社会にとって有利かどうかを自問し、答えは明白だという。彼らは社会の大部分を構成しているが、「この大部分のものの境遇を改善することが、その全体に対してふつごうだとみなされようはずは断じてない。成員のはるか大部分が貧しくもみじめであるのに、その社会が隆盛で幸福であるはずも断じてない」からである。彼は、労働によって社会に生産物を提供する人々が、自分の生産物の十分な分け前にあずかるということは「まったく公正というほかない」という。それでは

このような状況はいかにして可能になるのであろうか。それは「自然的自由の制度」の下での資本蓄積のメカニズムを通して，おのずと実現される。その論理の粗筋をたどってみよう。

『諸国民の富』第1編には，生産過程で付加された価値が賃金，利潤，地代として労働者，資本家，地主に分配されるとみる価値分解説と賃金，利潤，地代が交換価値の本源的源泉だとみる価値構成説とが同居している。いまは地代を度外視しよう。価値分解説からすれば生産過程で決定される付加価値の1部である賃金が上昇すれば利潤は下落し，逆は逆であり，交換価値は変わらない。他方価値構成説からすれば賃金は本源的構成要素であるから，その上昇は交換価値を上昇させる。利潤についても同様である。いずれも物価騰貴の要因として作用する。このように2つの議論は矛盾するのであるが，ただ資本蓄積の結果としての高賃金化の傾向と，その反面としての低利潤化の傾向を説く場合には，価値分解説がその理論的支柱となっているといってよい。資本の増加は労働需要の増加をもたらし，それは賃金上昇の要因となる。この高賃金化を彼は社会の大部分の人々の境遇の改善として歓迎するとともに，それが「庶民の勤勉をも増進させ」て，「能動的で，刻苦精励し，しかもきびきびした」労働者を生みだすことになるという。他方高賃金は低利潤の要因となる。これは資本蓄積の必然的な傾向である。彼はこの点について「利潤の減少は，事業が繁栄しているということの自然の結果か，もしくは従来よりもいっそう大きな資財がそれに使用されているということの自然の結果」であるとして，資本家の

不満を斥けてこれに肯定的評価を与えている。問題はこうした状況を生みだす動因となる資本蓄積の進展いかんである。

スミスは第2編で資本蓄積を論じる。大きくは2つの論点から成る。第1の論点は，銀行信用による死財としての貨幣の節約であり，その節約分の生産資本への転化である。死財としての貨幣とは，1つは流通のための貨幣であって，この高価な道具を一定の兌換準備をおいて紙製の銀行券によっておきかえることによる節約である。いま1つは商業信用で購買する財貨に対してたえず請求される支払いに応じるために資本家が手もとにおいておく寝かしたままの現金で，これも銀行券によっておきかえられ節約される。前者は社会全体にとって意義のある節約であり，後者は個々の資本家にとって意義のある節約であるが，スミスはこの節約分が国内で蓄蔵される可能性を度外視して，もっぱら海外に送られて生産に役立つ材料，用具，労働者の生活資料などの購入にあてられて生産資本化することを想定している。

第2の論点は，収入の資本への転化による資本蓄積である。収入のうち賃金は生活資料の購買にあてられるので，地代を別とすれば資本に転化する可能性があるのは利潤である。ただ利潤も資本家の生活や享楽のために費やされる部分がある。不生産的労働者が雇用されるのはこの部分によってである。しかし利潤は新たな設備，材料や生産的労働者の雇用に使用することもできる。これが収入の資本への転化であり，生産は拡大する。追加的資本＝資本蓄積は，利潤のこの2つの使用方法の分割程度いかんで決定される。この分割比率については，スミスは資本増加の方に傾くと想定してい

る。というのも彼は,人間の享楽に対する激情は猛烈で抑制は困難だが,総じて瞬間的で時折おこるにすぎないのに対して,生活状態を改善しようとする願望からくる貯蓄に人をかりたてる本能は,穏やかではあっても絶えず作用し,全生涯の平均をとれば,甚だしく優位を占めているとみているからである。利潤の大きな部分が本能にしたがって貯蓄され,追加的資本として投じられることになる。資本の蓄積衝動が,利潤目当ての生産,たえざる競争という資本制社会に特有なメカニズムとは無関係に,もっぱら人間の本能に求められている難点はいまはおこう。こうして資本蓄積は自ずから進行して,富の増加=経済成長と高賃金=普遍的富裕をもたらすというのが,彼の描く構図である。資本蓄積と経済成長およびその帰結に対するいわば手放しの肯定的・楽観的展望といってよい。

　ただしこのような肯定的・楽観的展望には,ある条件があった。それはスミスが『諸国民の富』の全編をあげて批判している,独占を主要な道具とする重商主義的諸政策の放棄である。重商主義はその物質的基盤を失いつつも,なお当時支配的政策体系として維持されていた。これに対抗して彼が提示したのが「自然的自由の制度」であった。ここでは,「あらゆる人は,正義の法を侵さぬかぎり,各人各様の方法で自分の利益を追求し,自分の勤労および資本の双方を他のどの人またはどの階級の人々のそれらと競争させようとも,完全に自由に放任される」ことになる。ただ注意すべきなのは,自由放任とはいえ抑制なしの自愛心=むき出しのエゴイズムが肯定されているわけではないということである。利益の追

求は社会の同感をうることのできるフェアなもの＝公正公平なものでなければならなかった。『道徳感情論』で展開された同感の理論は，『諸国民の富』にも継承されている。この点については，拙著『再考』第2章をご覧いただきたい。

　付言すれば，この展望はその後の現実に近似していたとはいえない点である。たしかにイギリスでは資本蓄積＝経済成長は続き，「世界の工場」の位置を占める。それは普遍的富裕のための物質的基礎の拡充であった。しかしそれが文字通り普遍的富裕として，社会の最下層の人々にまで浸透することになったであろうか。必ずしもそうでないことは，世紀転換後労働組合の組織化が貧困と境遇の改善を求めて進み，また労働者の解放を目指して様々な社会主義思想が生れたことを見ても分かる。こうした理論と現実との乖離をスミスが目にしたとすれば，『諸国民の富』の各所で論じられている「一般的幸福」「人類愛」「全社会の安全」という，いわば利己的利益に対する公共的利益の観点の優位性が，何らかのセーフティ・ネットの提唱などを伴ってあらためて前面に浮上してきたのではないかと思われる。ただこのような現実と乖離せざるをえなかったスミスの理論上の問題点についていえば，彼が労働人口の動向や労働生産性の向上について，資本蓄積がそれらに及ぼす影響という観点から触れはしても，逆にそれらが労働需給に及ぼす影響という側面は十分に論じないまま，資本蓄積を労働需要の増加に直結させていることに起因するように思われる。イギリスの人口は世紀転換後の半世紀で倍増する反面，産業革命の進展によってより少ない労働者で生産できる機械化も進む。それらの労働者への影響は，

たとえばリカードが機械論で取り上げたように，スミス以後に残された課題となった。

② リカード

スミス経済学とは違ってリカード経済学は，経済成長の帰結について極めて深刻な問題提起を含んでいる。経済成長の限界＝資本蓄積停止の状態が想定されているからである。ただし，彼の理論が危機感に彩られているわけではない。成長の限界ともいうべき深刻な状況が到来するのは，はるか先のことだと考えられており，その間についてはむしろ経済成長＝資本蓄積の積極的側面の描出が基調音となっている。その意味で，彼の経済学には長期的視点での悲観論と当面の現実的楽観論とが同居しているといってよい

リカードの主著『経済学と課税の原理』（小泉信三訳，岩波文庫）は，大きくは3つの部分から構成されるが，ここでは第1の経済学原理の部分だけを取り上げる。この部分の第7章が外国貿易論で，それまでの第1章価値論以下，地代論，賃金論，利潤論などから成る6つの章で，地主，資本家，労働者の3大階級からなる近代社会の生産・分配の基本的メカニズムが論じられ，それを踏まえてこのメカニズムの展開としての利潤率の傾向的低下という「自然的行程」が論じられている。外国貿易は，この低下傾向を逆方向に動かす役割を与えられている。

先ず価値論では，交換価値の源泉を稀少性と投下労働量に求め，経済学の対象となるのは努力によって数量を増加させることの出来る商品であって，この市場で交換される大部分

を占める商品の交換基準を,もっぱら投下労働量に求める。これがリカードの根本的な価値規定である。この観点からスミス価値論の不徹底性が批判される。しかし彼自身にも,多様な資本構成の下での平均利潤の成立という事態に由来する,賃金の騰落の交換価値への影響という形での,上記価値規定の修正という問題が生れている。ただこの点については主題との関係で立ち入らない。

　この価値論を前提として,次に3大階級に分配される地代,賃金,利潤という収入形態が分析される。地代については,彼はその根拠を土地が量的に無限でなく,質的にも均一でないこと,つまり肥沃度,利便性の違いから土地の生産力に差が生じることに求めている。地代はこの土地生産性の差額分として,富と人口の増加による劣等地耕作の進行にともなって形成される。農産物は,平均的生産条件で決まる普通の商品と違って,需要に応じるためになおそこでの生産が余儀なくされる最劣等地での投下労働量で決定される点で特異である。したがってその価格は,劣等地耕作が進行すればするほど騰貴する傾向をもつことになる。地代も土地生産性の差が大きくなるため騰貴する傾向をもつことになる。彼は農産物価格と地代との低落要因として,輪作方法や施肥の改善,農機具の改良などの農業技術上の改良をあげているが,それらに騰貴傾向を覆す影響力は認められていない。

　労働者の賃金については,リカードは食物,必需品などの価格(＝生活維持費)によって規定されるものと考えている。なかでも穀物価格がその中心である。賃金の「市場価格」は労働の需給に影響され,労働の供給が労働への需要を上回れ

ば低下するが，長期的な「自然価格」としては食糧その他の必需品が不断に騰貴するので，下落せずに騰貴するものとみている。ただそれは貨幣賃金の騰貴であって，この賃金で以前と同じ数量の穀物その他の必需品は購入できない。つまり穀物賃金は低下するものとみられている。

資本家の利潤については，彼は投下労働によって増加した価値のうち賃金として支払われた部分を除いた残余の部分とみている。付加価値が賃金と利潤に分かたれるという意味では価値分解説であり，賃金支払い後の残余という意味では利潤控除説であり，一方の取り分の増加が他方の取り分の減少となるという意味では賃金・利潤相反説である。それは投下労働価値説の徹底化によって基礎づけられたものであった。

このような利潤認識を踏まえて，地代，賃金，利潤の関係の推移を解明する自然的行程論が展開される。この行程を簡単に図式化すれば，資本増加→人口増加→穀物需要増加→劣等地耕作→穀物価格騰貴の過程を経て，この穀物価格騰貴が一方で地代の増大，他方で貨幣賃金の騰貴→利潤（率）の低下をもたらすということになる。賃金騰貴を抑制してこの利潤率の傾向的低下に反対に作用する要因として，1つは食糧以外の必需品の生産性の向上，2つに農業生産性の上昇があげられている。しかしやや過小評価のきらいがあるとはいえ，農業のめざましい技術的改良は「そうしばしば生ずるものではない」とされ，利潤率の低下傾向は資本蓄積から生じる避けがたい必然的結果であり，最後には蓄積停止まで至りかねないとみられている。彼はいう，「蓄積に対する動機は利潤の減少とともに減少し，その利潤がその資本を生産的に

使用する上で必然的に遭遇しなければならない煩労と危険を充分償えないところまで下落すれば，それは全く消滅するであろう」と。「陰鬱な状態に達して，はじめて終わるような冷酷な進歩」（R．ギル）という評価も故なしとしない。

このようにリカードの自然的行程論には，利潤率の継続的低下による蓄積停止という認識がある。それは無限の経済発展はありえないとする「成長の限界」の認識ということもできる。この限界の究極の原因は肥沃な土地の有限性にある。彼は肥沃な土地の有限性から富と人口の増加とともに劣等地の耕作が進行し，穀物価格の騰貴→賃金の騰貴→利潤率の低下が継続すれば，蓄積停止にまで至りかねないとみていたのである。たしかに「冷酷な進歩」である。リカードの場合は肥沃な土地の有限性に限定されているとはいえ，今日深刻化しつつある経済成長と様々な有限な諸資源＝自然の有限性との関係についての端緒的な問題提起ということができる。しかし彼の経済学には，進歩の帰結を「陰鬱な状態」として描くような暗さはない。それは何故か。

自然的行程論に続いて，第7章に外国貿易論がくる。ここでは比較生産費説にもとづく国際分業の利益が説かれている。ごく簡略にいえば，それぞれの国が生産性で比較優位にある部門に特化してその生産物を相互に交換すれば，それが双方に利益をもたらすというのである。ある国は比較優位にある製造業に特化し，他の国は比較優位にある農業に特化することになる。この比較生産費説は，今日，低開発状態の固定化を合理化するものとして忌避される一方，自由貿易を理論的に基礎づけるものとして援用されている。それ自体独立

した性格をもつこの自由貿易論も，リカード自身の体系との関係では，外国貿易による安価な穀物の輸入が利潤率を高める，少なくともその低下を押さえる要因とみられている点でことに重要である。彼はいう，土地が肥沃である場合と同様に「食物の輸入を自由に許容する場合は，多大の資本を蓄積してなお利潤率の著しい低下もなく，地代の著しい騰貴もないであろう」と。「自然的行程」の進行によるその冷酷な帰結が，外国貿易を通して回避されることになる。外国貿易論が悲観的展望から楽観的展望へ切り替わる転轍手の役割を担っているのである。

　この主著が書かれる前に，マルサスとの間で穀物輸入の自由をめぐる穀物法論争があった。そこでの輸入自由の政策的主張の柱となっているのも，安価な穀物が自由に輸入される場合には「あらゆる部門の実質利潤は上昇する」という議論であって，上記の外国貿易論と視点は同じである。というより穀物法論争における政策的主張を，価値論を基礎に理論的に裏付けるために書かれたのが『原理』であったといってもよい。問題は安価な穀物の輸入が，安定的に持続できるかどうかにかかっていることになる。この点でリカードは長期の安定的な輸入可能性を想定していたといってよい。穀物法論争の大きな論点の1つが，食糧安全保障の問題であったが，彼に食糧輸入を危ぶむ危機感はない。戦争や不作の場合であってさえも，敵対国や不作国以外から充分に需要をみたすだけの穀物を安定的に輸入できることが主張されている。たしかに彼の時代にあっては，世界には農業を主産業とする広大な地域が存在していたからである。この点に関わって，穀物

法論争における彼のいま1つの議論にも触れておきたい。それは海外植民地の問題である。論争文やマルサスへの書簡の中で，植民地の建設のために資本が輸出されることにより母国における利潤下落圧力が軽減されること，また植民地における肥沃な土地の獲得によって利潤を高める要因としての安価な穀物の獲得が容易になることが指摘されている。拡大する大英帝国の歴史を考えれば，彼が自らの理論が指し示す経済成長の深刻な帰結に，大きな危機感を抱かなかったとしても当然かもしれない。そしてそこにはスミスに見られた，植民地建設の根本原則が「愚劣と不正」だとする厳しい批判的視点はない。

③ J.S.ミル

ミルは経済学上の主著『経済学原理』（末永茂喜訳，岩波文庫）の第4編で，アソシエーションと停止状態とを論じている。前者ではスミスの「普遍的富裕」の実現という展望と乖離する富の偏在＝貧富の対立を克服するものとして，自立した労働者による諸協同組合からなる独特の新たな社会像が提示され，後者ではリカードの自然的行程論に含まれる「成長の限界」という問題提起を起点として，さらに広い視野から掘り下げた考察を加えた経済成長至上主義批判が展開されている。ミルは，経済成長のプラス，ゼロ，マイナスの状態が持続する状態を，それぞれ社会の進歩，停止，停滞の状態として区分するスミスにならい，しかし「活気にとぼしい」として停止状態に否定的なスミスとは逆に，そこに積極的な意義を認めている。ここではこの停止状態論に焦点を絞

ろう。

　産業的進歩に伴う生産上の改良と世界各地との交易の増加は，商品の価値と生産費をたえず下落させる傾向をもつが，しかしこの一般的傾向に対する重要な例外としてミルが指摘するのが，農業および鉱業の生産物である。農業の生産物は人口が増加して食糧への需要が高まれば，劣等地の耕作によって生産費は増大する傾向をもち，鉱業生産物は再生産されない原料に依存しているために全部か1部が枯渇してしまう可能性があり，枯渇に向かえば生産費は増加する傾向をもつ。この農業・鉱業の生産物の騰貴は，生産上の改良によって阻止されうることが，農業を例に指摘されるが，この改良への機運は時折りはあっても常にあるわけではなく，人口の増加に伴って食糧は次第に高価になる傾向をもつとされる。このことが利潤率にどう影響するかが，次に問題とされる。

　ミルは経済的進歩の特徴的性質として，資本の増加，人口の増加，生産の改良という3要因をあげ，これらの原因が様々に組み合わされる5つのケースを想定して，それぞれの諸階級への生産物の分配に及ぼす影響を分析している。この分析結果を要約して，ミルは「地主，資本家，労働者の3者から成る社会の経済的進歩は，地主階級の漸進的富裕化の方向に向かっている。そして労働者の生活資料の費用は大体において増大する傾向をもち，利潤は下落する傾きをもつ」と結論づけている。ミルがケースごとに細かい分析を行っていることを別とすれば，基本的にリカードの自然的行程論と同じであるといってよい。こうした利潤率の低下傾向に抵抗

する反作用的事情として,彼は4つをあげる。1つは恐慌期における資本の浪費であって,利潤を押し下げる蓄積量の1部が取り去られる。2つは生産上の改良で,それが労働者の消費する品物を低廉化する限り,貨幣賃金を低下させる。以上は1国的視点からの考察であるが,彼は次に視点を国際関係に転じる。3つは低廉な必需品および低廉化を可能にする生産手段の輸入である。それは生産上の改良と同じ効果をもつ。4つは資本の輸出である。それは一方で利潤低下圧力となる蓄積資本の1部が持ち去られることであり,他方でそれが大量輸出地域となる植民地や農業国の生産の拡張・改善に使用されて,低廉な農産物の輸入を可能にする。

　これら反作用的事情のうち,第1の恐慌時の資本破壊については,それが増加した資本の全量におよぶものでない点で限定的役割しか与えられていないこと,また生産上の改良についても,ことに肝心の農業についてはそれが常に生じるものではないことが強調されていることに注意が必要であろう。これに対して国際関係を視野に入れた議論は様相が異なる。彼はイギリスがあらゆる種類の食糧や必需品の原料を世界から自由に輸入していることを指して,利潤率は自国の土地の肥沃度ではなく全世界の土地に依存しているとまでいう。また資本輸出の大きな効力を指摘して「資本がきわめて急速に増加しつつある古い国々と利潤がいまだ高い新開の国々とが相並んで存在するかぎり,古い国々における利潤は,蓄積を停止させてしまう率まで下落することはないであろう。その下落は,資本を海外へ送り出すところの点で,くい止められる」とさえいう。外国貿易と資本輸出が,利潤率

の低下＝停止状態への接近に対する歯止めの役割を与えられているのである。こうした観点も，先に見たようにすでにリカードが論じていたものであった。

このようにミルは1国における利潤率の低下傾向は，相当な期間は低廉な外国産品の輸入と過剰な資本の輸出によって阻止されうるものと考えている。しかし富裕な国々では停止状態へ接近する圧力がかかり続けており，「停止状態を最終的に避けることは不可能である」とも考えている。だとすれば問題は彼が停止状態をどう考え，どう評価しているかである。

ミルによれば，富の増加が無制限なものではなく，終点には停止状態が存在することが，経済学者たちによって陰に陽にともかくも認められてきた。しかしこれははなはだ愉快でない，希望を失わせる見通しであって，スミスに象徴されるように経済的に望ましいのは進歩的状態だけであった。しかしミルは停止状態を嫌悪の情をもって見ることをしない。むしろ現状よりも大きな改善になるものと考えている。彼は自らの経済的地位の改善に苦闘することこそ正常状態で，そのために人を踏みつけ，押し倒すことが人類の運命であるという考えには「魅力を感じない」という。それは文明の進歩の1段階ではあっても社会の完成した姿ではない。彼にとって最善の状態とは，誰も貧しくなく，そのためもっと富裕になりたいとは思わず，また他人の抜け駆けを恐れる必要のない状態である。彼によれば，たしかに後進国では富の増加が重要な目的となるが，進歩した国々に必要なのは「よき分配」と「厳重な人口の制限」である。

ミルによれば，「よき分配」は，一方における個々人の節倹と勤労に応じた果実の取得と他方における財産の平等を促進する立法（贈与・相続による取得金額の制限）とが共同で作用することによって実現される。労働者層の給与は高くなり，個人自らが獲得できたもの以外に莫大な財産はないが，荒々しい労苦を免れて心身ともに余裕をもって人生の美点美質を探求できる社会状態になる。「人口の制限」については，技術の進歩と資本の増加が続けば人口の一大増加を容れる余地はあるにしても，望ましいことではない。協業と社会的接触に必要な人口の密度は，人口周密な国々のすべてで達成されている。これ以上の人口が望ましくない理由の1つは，つねに人に囲まれた世界では，思索と人格を高め思想的高揚を育てる上で不可欠な孤独と独居が失われる。いま1つの理由は，地球が人口を養うために開発されつくして，「自然の自発的活動」の余地が残されていない世界を想像することは人に満足を与えない。彼はいう，単に大きな人口を養うことを目的として地球から自然が与える楽しさをことごとく取り除くとすれば，「私は後世の人々のために切望する，彼らが必要に強いられて停止状態にはいるはるかまえに，自ら好んで停止状態にはいることを」と。

　最後にミルは，経済の停止状態が人間的進歩の停止を意味するものではないことを確認する。そこでもあらゆる精神的文化や道徳的進歩の余地がある。むしろそこでこそ，文化的，道徳的進歩がこれまで以上に大きな目的となる。産業上の技術改善の余地もこれまでと変わらない。その改善は富の増加という目的のみに奉仕することを止めて，労働の節約という

本来の効果を生むようになる。労働の節約は文化的,道徳的進歩のための条件＝自由な時間を生みだすことになる。

　停止状態についての以上のミルの認識のうち,重要と思われる3点を摘出しておこう。1つは諸資源の限界性の指摘である。食糧と貨幣賃金の騰貴を引き起こし,利潤率を低下させる最大の要因として論じられていたのは,肥沃な土地の減少であった。また鉱物資源についても,それが再生されない原料に依存しているために,たとえば石炭や大部分の金属（最も豊富な鉄でさえも,含有量の大きい鉱石にかんする限り）は,全部か1部が枯渇していき,生産費の増加の原因となるとなることが指摘されていた。もっともミルは,富裕な国々の内部での土地や鉱山の資源の限界性が,外国貿易や植民地獲得をとおして当面の間は切り抜けられると考えている。しかしこの指摘は,世界的規模で進む今日の資源の有限性の問題を先取りしたものというべきであろう。

　2つは経済的目的から行われる「自然破壊」への厳しい批判である。増加する人口を養うために「自然の自発的活動」の余地が残されていない状況を想定しながら,ミルはいう,「人間のための食糧を栽培しうる土地は一段歩も捨てずに耕作されており,花の咲く未耕地や天然の牧場はすべてすき起こされ,人間が使用するために飼われている鳥や獣以外のそれは人間と食物を争う敵として根絶され,生け垣や余分の樹木はすべて引き抜かれ,野生の灌木や野の花が農業改良の名において雑草として根絶されることなしに育ちうる土地がほとんど残されていない——このような世界を想像することは,決して大きな満足をあたえるものではない」と。だか

らこそ彼は切望する，こうした状況に陥る前に「自ら好んで停止状態にはいることを」と。ここでミルは，自然の人間にあたえる喜びという観点から手を加えない自然の貴重さを論じているが，それは「自然の自発的活動」の意義を強調している点で，自生的な生態系や生物多様性の維持を眼目とする今日の自然環境保護の思想の先駆といってよい。

　3つは人間社会にとっての精神的，文化的，道徳的進歩の意義の強調である。逆にいえば，ミルにとって物質的，経済的進歩のもつ人類史上のウエイトはそれだけ低くなる。過度な富裕は否定される。だから彼は，ひたすら自分の経済的地位の改善を求め，そのために人を踏みつけにすることも厭わない社会状況を正常とはみない。それは文明進歩の途上における過渡的1段階にすぎない。文明の進歩とは，何よりも精神的，文化的，道徳的進歩であり，それはやみくもな経済成長からの転換が行われる停止状態においてこそより強まると見られている。停止状態論には，経済成長至上主義から訣別する文明観の転換の要請が含まれているといってよい。この観点は，彼のアソシエーション論にも貫かれていて，労働者階級の解放は，貧困からの解放にもまして，彼らの知的能力と道徳的徳性を高めて自己統治能力を獲得することによって可能となることが指摘されている。こうした点も今後の社会のあり方を考える上で参考になる視点であろう。

第2節　成長の限界と現代

早い段階から現代経済の成長至上主義からの脱却を説き，

広く影響を与えたのはローマ・クラブ「人類の危機」レポート『成長の限界』(1972年)であった。私なりに論点を整理すれば,①各種資源の有限な状況,②廃棄物等による自然環境の汚染,の深刻化が指摘されると同時に,経済成長が「人類の危機」を招来させつつある状況を転換させた後の新たな社会のあり方として,③均衡状態の世界の実現が提唱されている。その際ミルの停止状態論が肯定的に引用されている。ミルの議論が時代状況を反映して石炭を除くエネルギー資源や廃棄物の問題を取り上げていない点を別とすれば,両者の議論の論点①〜③はほぼ重なり合っている。ミルの先見性をあらためて確認できよう。

　上記レポートを提出したグループは,その後もデータの検証を続けて,1992年に第2の報告書(『限界を超えて』ダイヤモンド社)を,2004年に第3の報告書(『成長の限界——人類の選択——』ダイヤモンド社)を出している。文明が崩壊の危機に陥る時期についてのシミュレーションの当否はここではおこう。しかし第3の報告書に記されているように,事態は一層の深刻化＝地球崩壊の予兆を示しており,崖の向こう側に行く前に「行き過ぎ」からの「引き返し」が,いま一段と喫緊の課題となっているということは確かであろう。以下上記3論点に即して,現代の状況を各種の文献・資料に依りつつ概観しておきたい。

　(なおこの第2節は,書き進めるうちに思いの外膨らんだが,私の現代についての心覚えとして,カットせずにそのままにした)。

①　各種資源の有限性

　1950年に25億人であった世界人口は、現在では70億人を超えた。60年間に3倍に近い人口増加であり、いわば人口爆発である。国連の推計では、2030年には83億人、2050年には92億人にまで増加すると予測されている。この人口増加に密接に関連する資源問題について、以下農地・鉱物資源・エネルギー資源に分けて状況を確認する。

　農地　L.R.ブラウンは「崖っぷちの世界」（『地球に残された時間』ダイヤモンド社）を論じて、文明崩壊の危機に多面的に触れている。多くのページを割いているのは、農地＝食糧生産の問題である。人口の増加は当然食糧需要を高める。現在でもサハラ以南のアフリカや南アジアを中心に、飢餓や栄養失調に苦しむ人の数は10億人を超えているが、問題は人口増加に伴う食糧需要増加に対応する食糧供給増加の可能性である。人口増加という要因とともに、いま1つ食糧需要増加の大きな要因となるのが、肉、乳製品、卵を大量に消費する食生活の「高度化」である。家畜の1キログラム増に要する飼料としての穀物は、牛で7キログラム、豚で3キログラム強、鶏で2キログラムといわれている。これら穀物集約的畜産物の消費が増加すればするほど、穀物需要は増加する。所得の増加と共に食生活の「高度化」も進むが、例えば中国がアメリカ並の食生活になれば、それだけで穀物消費量は現在の世界の全穀物供給量に等しくなると推計される。しかし食糧を供給する農地は有限であり、実際世界の穀物収穫面積は1980年代以降横ばいないし減少傾向であり、食糧確保の

不安はすでに拡がってきている。その現れが「ランドラッシュ」と呼ばれる既存の世界農地の争奪戦である。その先頭に立っているのが，サウジアラビア，中国，韓国であり，エジプト，バーレーン等がそれに続いている。争奪の対象農地は，ウクライナやロシアを含むが，主要にはアフリカである。多くのアフリカ諸国では農地の所有権が農民にないため，政府高官との極秘の土地取引によって，農民や放牧者が土地から追い出されるという事態が生じている。

　問題はそれだけではない。既存の農地の劣化が始まっている。1つは水不足からくる収穫量の減少である。1950～70年代半ばまでは表流水による灌漑が盛んで，それが農業用地拡大に役立ってきたが，それが頭打ちとなって以降灌漑用井戸への依存度が高くなってきた。しかし過剰なくみ上げによって地下水位は低下し，井戸は枯れつつあるといわれる。表流水および井戸による灌漑農地は，世界の穀物の半ばを生産する中国，インド，アメリカで，それぞれ国の5分の4、5分の3、5分の1を占めているので，水不足による農地の劣化＝収穫量の減少は深刻な意味をもっている。いま1つは過放牧と過耕作による表土の喪失→砂漠化の進行である。それは巨大な砂嵐を伴って農地を浸食しつつある。砂漠化が顕著なのは，1つは中国北部，モンゴル西部，中央アジアで，いま1つはインド，アフリカであるといわれる。2010年の国連の発表では，砂漠化の影響は世界上の陸地部分の25％に及んでいるという。表土の3センチメートルが失われるごとに，小麦とトウモロコシの収量は6％近く失われるというから，砂漠化の過程は甚大な農地の劣化の過程であるといって

よい。「土地はいま世界各地で〝病んで〟いる」(宮崎進・田谷禎三『世界経済図説　第三版』岩波新書)のである。

　1950年代以前は食糧供給量の増加はほぼ100％耕地面積の増加によるものであったが，その後高収量品種の開発，施肥量の増加，灌漑の普及による土地生産性の向上によって穀物生産量は著増し，1950〜73年の間は歴史上最もめざましい世界農業の最盛期であったといわれる。しかしそれ以降未利用の農業技術が減り，土地浸食が進み，農耕に適した土地が減少し，灌漑用水が不足するにつれて，食糧生産の伸びは鈍くなっている。人口増加を勘案すれば，1人当たりの食糧生産量は下降線を辿っている(前掲『世界経済図説』参照)。リカードやミルが1国の限界を回避する延命策とした世界規模の農地の，その有限性が露わになってきているのである。

　鉱物資源　土地と並んでミルがその有限性を強調した鉱物資源については，それが再生不可能であるために，経済成長によって生産(→消費)が増大するに応じてその資源量は，不可避的に枯渇に向かう。産業革命以来の経済成長でその傾向は着実に進んでいるが，しかし新たな鉱脈や代替的な鉱物の発見があったり，低品位の鉱物の利用が技術の向上で可能となるなど，利用可能な資源量は一義的には決めがたい点がある。ただ現在確認されている埋蔵鉱物資源量と現在の生産量を勘案すれば，おおよその可採年数をはじき出すことができる。

　次に触れるエネルギー資源を除いた主な鉱物資源について，経済的に採掘可能な埋蔵量(2012年)を年間生産量(2011年)で除した可採年数を列挙しておこう(以下『世界国勢図

会 2014／15』矢野恒太記念会,から計算)。一番年数の長いのが鉄鉱石で57.6年,次いでニッケルが49.3年,銅鉱が42.2年,すず鉱が20.1年,亜鉛鉱が19.5年,鉛鉱が18.9年である。埋蔵量は経済的に採掘可能という条件付きの推計だとはいえ,主な鉱物資源の枯渇までの時間的余裕が意外に短いことがわかる。しかも経済成長率がプラスであればあるだけ,年間生産量は現在よりも増大する可能性が高いと推定されるので,この可採年数はそれだけ確実に短くなる。枯渇が近づくにつれ,資源を巡る競争＝争奪戦は激しくなるであろうが,それを先取りしているのがレアメタルを巡る国際関係である。その名の通り,レアメタルは資源量がもともと稀少であったり,技術的にその元素の抽出が困難な金属の総称である。しかしそれらは特殊鋼,ＩＴ製品,自動車などの生産に重要な役割をはたしている。その確保が重要な所以である。ただこのレアメタルは1部の国に偏在する場合が多く,ことに中国はインジウムの62％,レアアースの98％を占めていて,輸出量を規制するなど国際戦略物資としての役割を担わされ,国際紛争の1つとなっている。

エネルギー資源 経済成長を至上とする現代社会は,エネルギー多消費社会である。エネルギー問題は現代社会にとって死活的重要性をもっているといえよう。そのエネルギー資源には,再生不可能なものと再生(＝持続)可能なものとがある。前者には,石炭,石油,天然ガス,ウランなどがあり,後者には,木材,太陽熱,水力,風力,地熱などがある。後者については,次の後掲③で関説することにし,資源の有限性を扱うここでは前者に絞ることにしたい。

石炭，石油，天然ガス，ウランの可採年数（2007年現在）は，石炭が最も長く129.6年，ウランが80.8年，天然ガスが61.3年，石油が42.0年である（前掲『世界経済図説』参照）。もっとも現在確認できる新しい数字を，前掲『世界国勢図会』によって見れば，石炭は77.5年に減少し，逆に石油は59.9年に延びている。先に注意を促したように，埋蔵量の推計，年間生産量の変化で可採年数は変わるので確定的なものではないが，しかしおおよその状況を知る手がかりになる。エネルギー資源についても枯渇までの時間的余裕も，かなり短いことがわかる。

　このうち石油は利用形態が多様であり，エネルギー供給に占める割合も最も高く，エネルギー源の主力である。ただ埋蔵量の過半は中東に偏在している。北海油田やインドネシアなどでは資源の枯渇が目立ってきており，中東依存が一層進むものとみられている。消費地は北米，アジア，欧州で，もともと生産国であったアメリカが最大の石油輸入国となり，経済成長の続く中国がそれに次ぐ。原油価格は1980年から本稿執筆時現在までに3倍近く騰貴し，1バレル当たり100ドルあたりで高止まりしているが，その要因として最も大きいのは需要の増大であろう。近年ＯＥＣＤ加盟国の消費は景気の動向もあって微減気味だが，非加盟の新興国の消費の増加は顕著で，なかでも中国はここ10年間で倍増している。この石油価格の高止まりの影響で，これまで採算に乗らなかったブラジル深海の油田やカナダのオイルサンドの採掘が始まっている。これが可採年数が延びた背景にある。石油以上に消費の伸びが大きいのは天然ガスである。これは石油に

くらべ環境への負荷が小さく,石油代替エネルギーの柱となっている。埋蔵量はこれも中東が42％を占めて最も大きく,ロシアが25％とこれに次いでいる。ただ中東は石油中心の開発を進めてきたため,天然ガスの生産比率は埋蔵量との比較ではまだ小さく,余力を残している。近年天然ガス市場に「革命」と称されるほど大きな影響を与えつつあるのが,シェールガスの開発である。地下の頁岩層(けつがん)に高水圧をかけて亀裂をつくり,そこに含まれるガスを取り出す技術の開発とともに,生産が加速している。天然ガスの大輸入国であるアメリカが埋蔵量の62％を占めていて,いずれ天然ガスの自給が可能になるものとみられている。ただし採掘に伴う水汚染という環境問題が発生している。石炭は産業革命以来,中心的なエネルギー資源であった。地域的偏在も小さく,産業用としてだけでなく,運輸用,家庭用と広汎に利用されてきた。いまなおエネルギー供給で石油に次ぐ位置を占めている。可採埋蔵量も,他のエネルギー資源に較べて豊富で,可採年数も最も長い。ただ採掘コストの上昇と環境問題とがあって,ここ20年間をとれば欧米の産出量は大きく落ち込んでいる（4割減）が,逆に中国,インドなどアジアの伸びは大きく（7割増）,全体の産出量を押し上げている。なお,ウランを原料とする原子力発電については,後掲②で関説する。

　上記の化石燃料は,現代経済社会を支える主要エネルギー資源として,生産量＝消費量を急増させてきた。しかしこれらの資源は明らかに有限であって,使えばその分確実に減少していく。個々の資源に違いがあり,また変動の余地があるとはいえ,可採年数に象徴される資源の枯渇は遠い将来の話

ではなく、殆どは数10年単位の話である。ローマ・クラブの第3報告書にいう「まだ残っているかなりの量の資源は、より持続可能なエネルギー源への移行のための燃料として重要である。しかし、強調したいのは、化石燃料は、とくに幾何級数的に消費されるときには、驚くほど限られた資源であって、無駄にすべきではない、ということである。人間の歴史という大きな時間軸で見れば、化石燃料の時代はつかのまの瞬きにすぎないだろう」という認識はその通りであろう。

② 自然環境問題

　L．カーソンが『沈黙の春』によって、農薬などの化学物質の人体と生態系への危険な影響を論じて衝撃を与えてから50年以上が経過した。この警鐘に刺激されて環境問題への関心が高まり、この間取り組まれた対策で、人体に明らかに危険な特定の有害物質の禁止などで成果がみられ、また先進国では大気汚染や水質汚濁の軽減にも成功している。しかし他方解決されるどころか一層深刻化しつつある環境問題もある。ここでは2つの問題を取り上げたい。1つは生態系・生物多様性の問題であり、いま1つは廃棄物による自然環境の汚染の問題である。

生態系・生物多様性　生態系とは、自然の物理的・化学的環境に対応しながら、長い年月をかけて、複雑に絡み合いながら作り上げられてきた生物間のネットワークをいう。それは生物間の食物連鎖を見ればわかる。光合成によって生育する植物を底辺として、植物を食物とする草食動物、それを捕食する肉食動物という階層的な食物連鎖もあれば、動物の死

骸や排泄物を食物とする生物もあり，複雑な食物網を形成している。それは水陸双方で独自に形成されるだけでなく，海の生物が陸の生物に補食されるなど，その双方が交錯する関係にある。

こうしたネットワークは，多様な生物種のいわば「共同作業」によって形成される。それだけではない。生物にとっての自然環境はたえず変化し，こうした食物網に１部穴があくこともある。しかしそれが短期の急激なものでなければ，遺伝子と生物種の多様性がそれを修復して新たな安定的なネットワークが形成される。生態系に一定の幅と安定性をもたらす意味で，生態系と生物多様性とは不可分離な関係にあるということができる。生物多様性が欠ければ，それは生態系の脆弱性を意味する。

このような生態系の人類に対する寄与が「生態系サービス」の名で呼ばれている。井田徹次『生物多様性とは何か』（岩波新書）によれば，それは４つの側面からなる。１つは供給サービスで，木材，海産物，食糧，燃料などを供給する最も目に見えやすい働きである。２つは調整サービスで，水などの物質やエネルギーの流れをコントロールする働きで，マングローブ林のもつ災害軽減，産卵・生育の場の提供や二酸化炭素の吸収による天候の安定化などがその例である。３つは基盤サービスで，生態系の形成・維持の基盤となる植物の光合成が最も重要であるが，その他海中の植物プランクトンや植物の生育に不可欠な窒素を利用しやすいように固定する微生物の働きなどを指す。４つは文化的サービスで，非物質的な人間の文化的・精神的活動への恩恵であって，ミルが

強調したのも「自然の自発的活動」のもつこの側面であった。井田も「生物の多様性を愛する気持ち」は，生物の長い進化の過程で，人間に刷り込まれてきた「人間の本能に近いもの」だという。近年はエコツアーや森林浴なども盛んである。

　この生態系が，いま揺らいでいる。その原因の1つは光合成を行う植物の集合体である森林，なかでも多様な生物の生息する熱帯林の消失である。森林面積は「退耕造林」をスローガンとする中国などのアジアと欧米でやや増加しているが，アフリカと中南米など途上国を中心に顕著な減少が続き，結果として世界全体で減少している（前掲『世界経済図説』参照）。ただ増加傾向にあるアジアでも，その熱帯雨林は当初は先進国の木材需要に応じて輸出用に伐採され，今では燃料用のパームオイルの森に変えられつつある。またそれ以外の造林樹種もアカシアやユーカリなどの単一樹種の森として造林されている（山田勇『世界森林報告』岩波新書，参照）。生物多様性の面でも病虫害や火事に弱い点でも問題を孕んでいる。実際東南アジアの熱帯林では，各地で山火事が起こり被害をもたらしている。より深刻なのはアフリカと南米アマゾンの森である。アフリカでは，燃料源としての樹木の過伐や農業用の土地開拓が森林消失の主原因となっている。乾燥林（ミオンボ林）が広大な地域を占める中で，依然焼き畑農業が広汎に行われていることも原因となって，森林火災による焼失面積も世界の半ば近くを占める。中南米，ことにアマゾンでは大豆と牛肉の市場が急成長していることが，その森林消失の背景にある。その需要に応じるための農場・牧場の造成のために，前記山田の実地視察の表現では，熱帯林の中に横断道

路が作られ「多くの道路沿いの森が焼かれ,日夜,火と煙が充満し,温度は 40 度を超え」たと記されている。広大な面積を皆伐するように行われるこのような熱帯森乱伐の結果,上空の空気は乾燥して土地は干上がり,それが森林火災の頻発する原因となる。2010 年の干ばつの際には,アマゾンで推定 1 万 2000 件の森林火災が発生している。こうした森林消失は,森の中で生活を営んできた住民の生活基盤そのものを奪うと同時に,森の中で形成されてきた生態系を破壊する。

　生態系を揺るがす人間活動は,他に様々ある。海陸の生物の乱獲があり,農薬など化学物質の乱用があり,効率化のための農作物の少数品種化などがある。乱獲による生物資源の消滅の数多い例の 1 つをあげれば,ニューファンドランド沖のタラや地中海のクロマグロなどがある。ニホンウナギの絶滅が危惧されているのは耳新しい。問題はそれらの生物種の絶滅だけではない。マグロのような捕食者が数を減らすと影響は次々に及んで,食物連鎖の下位にある生物の著増とそれに補食されるその下位にある生物の絶滅をもたらすこともある。海陸ともに類例は多い。前掲井田によれば,人間が栽培している農作物 1500 種類のうち,約 3 割から 7 割が動物の授粉に頼っているとされるが,もしこれらの自然の授粉媒介物がいなくなったら,そのダメージは計り知れないにもかかわらず,多くの授粉生物が,農薬などの化学物質汚染,外来種の導入などのために,世界各地で減少している。アメリカにおけるセイヨウミツバチの消失はその 1 例である。作物の効率的生産のために,農業が少数の品種に依存する傾向が強まっているのも問題である。例えば世界中の農業が,小麦,

大豆，米，トウモロコシの4品種に過度に依存するようになっているが，しかも例えばアメリカでは，穀物生産の大部分を占める小麦とトウモロコシの種類はごくわずかでしかない。病気や環境変化に脆弱な状況になっているのである。

　生態系の揺らぎによって，絶滅が危惧される野生生物の種類も増加の一途を辿っている。最近の数字を挙げれば，調査・評価が行われた生物のうち，哺乳類5490種類のうち21％，鳥類9998種類のうち12％，両生類6433種類のうち30％が絶滅危惧種とされている（前掲『世界経済図説』参照）。国連食糧農業機関の最新の報告（2014年）では，森林の植物種の約半分は絶滅の危機にあり，遺伝的多様性と生態系が失われかねないという。短期で急激な人間活動の生態系への干渉に生物がついていけず，生物間のネットワークが破綻する危機的状況がうかがわれる。

　廃棄物・汚染　人間活動には必ず廃棄物が伴う。廃物・廃熱・廃ガスである。多様な生物の共同作業としての生態系というネットワークの中では，自然の廃物・廃ガス（例えば動物の死骸や糞，放出する炭酸ガス）は他の生物の資源となるという物質循環を通して，廃熱はそれを宇宙に捨てるというメカニズムを通して処理され，持続可能性が保たれてきた。問題は人間活動の結果としての廃棄物に同じ論理が通用するかである。先ずは地球温暖化につながる廃熱・廃ガス問題に触れなければならない。

　人間活動の結果としての廃熱の問題は，それが地上にため込まれずに宇宙に放出されるメカニズムが働く限りでは，気象状況に影響しない。しかしそのメカニズムに狂いが生じれ

ば,増加する廃熱は地球温暖化の原因になりうる。それが温室効果ガスといわれる二酸化炭素とメタンの増加の問題である。二酸化炭素(約半分は海に吸収され半分は大気中に放出される)は太陽エネルギーは取り込むが,地表から放射される赤外線を吸収して地上の熱を宇宙に放出しにくくするといわれ,さらにメタンの熱吸収効率は二酸化炭素の20倍も高いといわれている。二酸化炭素の増加は,産業革命以来化石燃料(石炭,石油,天然ガス)の利用が増え続けていることに原因する。中でも石油は生産コストが安かったこと,また技術的に多様な利用可能性があることから,エネルギー資源の中心となってきた。メタンは沼地,湿地,水辺,反芻動物,微生物などが発生源であるが,興味深いのは家畜や野生動物の消化管発酵で生成され大気に放出されるメタンは,全発生量の16%を占め,その80%は牛に由来するという(栗原康『共生の生態学』岩波新書,参照)。メタンは地球の温暖化で,閉じ込められていた永久凍土や海底からも発生してきており,二酸化炭素との相乗効果で気温変動に大きな影響を与えていると推定されている。過去16万年の中で,この2つのガスの大気中濃度は「ずばぬけて高い」という(前掲ローマ・クラブ『第3報告書』)。ただこのような温室効果ガスが,気候変動の原因だとすることには異論がある(例えば,槌田敦や池田清彦など)。過去の測定された気温変動を見ると,二酸化炭素の変化は気温の変化より少し後に生じていて,その原因ではないというのである。気温変動の原因は太陽の活動などの自然的条件に由来するということになる。前掲ローマ・クラブ第3報告書もこの点慎重であって,必ずしも温室効果

ガスが第 1 原因だとは断定していない。しかし両者は互いに影響しあっていて，少なくとも温室効果ガスは気温上昇を強める役割を果しているものと推定している。これらのガスの「分子構造と分光学的吸収の周波数のよく知られた特性」が，宇宙への放熱を閉じ込める機能をもつという点が否定されない限り，妥当な推定であろう。この観点からすれば，約 11 年周期で強弱を繰り返す太陽活動が今世紀に入ってこれまでと較べてもかなり大きく低下し，それとともに温暖化の傾向が鈍っている点についても，前者による気温低下の程度を，少なくともその 1 部を，温室効果ガスが相殺していると見ることになる。太陽活動が強まれば，両者相まって温暖化は再び急速に進むということにもなる。

　地球平均の気温は，海水温の上昇を伴いつつ，20 世紀の 100 年間で約 0.7 度上昇している。特に世紀最後の 30 年間の気温上昇は急速である。影響は均一ではない。北極圏の温暖化は平均の 2 倍の速さで進行して，海氷面積はかなりの増減をくりかえしつつも傾向的に減少を続け，2012 年では 2000 年以前の平均の約半分にまで減少しているといわれる。グリーンランドの氷床も急速に溶けており，世界各地の山岳氷河も後退が著しい。こうした事例に象徴される温暖化が，地球上の各地それぞれの気象（気温，降雨，風），海水温・海流，生態系に及ぼす影響は，複雑で確定しがたいというが，それが最近の世界各地で頻発する異常な寒波，洪水，干ばつ，暴風などの背景にあることは確かであろう。地球は不気味になりつつある。人命，家屋，農作物などへの被害も大きい。こうした気象状況の結果，天候関連の災害による経済損失が，

1990年代から顕著に増大し,10年間で約4倍に膨らんでいる。今はまだ前兆の範囲内にあるにしても,問題は徐々に進んでいる気候変動が人間生存の条件を破壊する限界点に達する可能性である。95％が死に絶えたパルム期の生物絶滅の原因は,大気中のメタン濃度の上昇にあったという。過去の文明崩壊の多くの事例は,緩慢な変化の累積として,そうした限界点が突然,急激に来かねないことを教えている。

ローマ・クラブ第3報告書は,手に負えない汚染物質として,温室効果ガスとともに自然界では分解しない合成化学物質と全生命体にとって危険な放射能を出し続ける核廃棄物とを挙げている。廃棄物と自然環境の問題には,廃液などを含む産業廃棄物や家庭からの一般廃棄物の処理の問題などもあるが,ここでは上記2つのうち,チェルノブイリや福島の事故の例が示すように,いったん核汚染されれば広汎に生活の場を奪う最悪の汚染物質ともいうべき核の問題をその廃棄物に焦点をあて,主として日本を例として取り上げる。

前掲第3報告書は「核廃棄物問題を解決した国は1つもない」という。その通りであろう。日本も例外ではないどころか,福島の原発事故で生じた膨大な核汚染物・核汚染水の処理が,重圧となってのしかかっている。原子力産業をもつ世界各国は,核廃棄物を生命環境から隔離する処分方法に苦慮してきた。様々な構想が出されては消えた。小出裕章の論考「核のゴミを処理できない人類に原子力という選択肢はない」(『朝日ジャーナル』臨時増刊「わたしたちと原発」)によれば,最初は宇宙に捨てることが検討されたが,技術的リスクが大きすぎるとして消えた。次に深海に沈める方法が浮上し

たが，放射能が漏れた時には世界中の海に拡散してしまう。1972年にロンドン条約で海洋投棄が禁止された。南極の厚い氷の下に埋めるアイデアも出された。しかし南極の資源開発の可能性や原子力の恩恵をうけない諸国の利害もあり，1995年の南極条約によって投棄が禁止された。結局，地下深くに埋め捨てる方法しかなくなり，この点で北欧が先行している。しかしアメリカを始め，処分場候補地の地元住民の反対で白紙に戻る例も少なくないという。これらの方法のうち，海洋投棄は全面禁止になるまでに日本を含め13カ国で実施されている。またこれ以外に流体の放射性廃棄物を地中に高圧で注入する地中直接注入も，旧ソ連とアメリカで1部実施されている。現在唯一の方法になっている地下埋設処分については，その危険な実態について，ドイツを例に後に触れる。

　わが国の原子力発電から発生する放射性廃棄物のうち，管理区域で放射性物質が付着したものや炉心近くの資材など低レベルのものは，浅地中処分やコンクリートで固めるなどの方法で処分が行われている。しかし数万トンにのぼる使用済み核燃料など高レベルなものは，英仏に再処理を依頼した1部を除いて，処分されないまま全国の原子力発電所の敷地や青森県六ヶ所村の再処理工場に置かれて国内に残っている。しかし発電所が稼働すればするほどこれらの放射性廃棄物は増え続けるのに，敷地には限りがある。そこで各電力会社は発電所外に中間貯蔵施設を造ることを計画しているが，現在までこの受けいれ場所は決定できないままである。わが国も他国の例にもれず，2000年に制定の「特定放射性廃棄物の最終処分に関する法律」で，高レベル放射性廃棄物を300

メートル以下の地下に埋め捨てる「地層処分」を決めている。しかし法律で地層処分を決めても，最終処分の場所が確定しない限り，問題は先送りされるだけである。中間貯蔵施設すら決定できない状況の中で，最終処分場の確定は，その処分方法の危険性とからんで，限りなく困難といわなければならない。

　放射性廃棄物の処分については，いま1つ別の側面がある。それはわが国の原子力政策が，「核燃料サイクル」を基本としている点と関わる。それは使用済み核燃料を再処理し，ウランとプルトニウムを取り出し，それをMOX燃料として再利用するという構想である。この燃料を生みだす高速増殖炉の実用化のための原型炉として造られたのが福井県敦賀市の「もんじゅ」であり，再処理工場に予定されているのが青森県六ヶ所村の「核燃料再処理センター」である。ここで日本の使用済み核燃料の半ばを処理するという。しかし「もんじゅ」は事故続きで稼働の目途が立っていない。放射性廃棄物処理の問題として強調しておかなければならないのが，再処理過程で発生する高レベル放射性廃液とTRU廃棄物である。前者はガラスに溶かしこんで固めて処分することになっている。これは近づくと即死するほど危険なものであると同時に，半減期が数万年の放射性物質を含んでいる。これを地層処分することになる。使用済み核燃料を再処理せずに処分した場合より一段と危険性が高い。このガラス固化体を作る過程で不具合があり，こちらでも本格稼働の目途は立っていない。日本列島は形成されて3万年程度のまだ若い活動期にあるといわれ，したがって地層は動き地震も多発する。

危険度の高い核廃棄物を，数万年にわたって安全に地層処分する場所などないのが実情であろう。加えて言えば，この再処理関連事業の費用が政府試算で18兆円，これによって代替されるウラン燃料の価値は9000億円程度とみられているから，経済的には殆ど無意味な事業なのである（大島堅一『原発のコスト』岩波新書）。これではこの事業が，軍事利用可能なプルトニウムを取り出すためのものだと主張されても，抗弁の余地はない。

「地層処分」の危険性の問題は，先行して実施されているヨーロッパでも共通である。広瀬隆はドイツにおける「地層処分」の実態視察の結果を，『原発処分──先進国ドイツの現実──』（五月書房）として報告している。ドイツは2022年までに原子力発電を全廃することを決定し，自然エネルギーの利用比率もわが国較べ格段に高いが，この報告からはドイツがこれまで出た，そしてこれから当分出る核廃棄物の処分を持て余していること，核廃棄物の安全な処分が人間の手に余ることが読み取れる。視察は廃炉作業中の2原発の他，3処分場で行われている。1つは高レベル廃棄物の最終処分場の候補地であったゴアレーベン，2つは中・低レベル廃棄物の最終処分場として決定されているコンラート，3つはやはり中・低レベル廃棄物の最終処分場であったアッセである。ゴアレーベンが候補地となったのは，この岩塩層には地下水がないというのが理由であった。廃棄物を入れた容器と地下水の接触という最も恐ろしい事態が避けられると見られたからであった。しかしアルカリ塩噴出事故で上部の地層につながる亀裂が見つかり，またガス噴出などがあり，2013年に

計画を白紙に戻し,あらためて基準を策定して候補地を決めることになったという。高レベル廃棄物の最終処分問題は振り出しに戻ったわけである。ここには英仏に依頼して発生した高レベル廃棄物のガラス固化体と使用済み核燃料が搬入された中間貯蔵施設があるが,これも今後は搬入が中止される。中・低レベル廃棄物の処分場コンラートは,鉄鉱山跡地の坑道を利用するもので,地下水との接触による放射能汚染の可能性が高く,地元の反対運動も強力で,このため最終処分場として決定しているにもかかわらず,現在まで放射性物質は全く搬入されていないという。アッセでは,1978年までかつての岩塩採掘後の空洞に中・低レベル廃棄物を投棄してきた。今は搬入されていない。しかし空洞の亀裂・崩壊が始まり,また大量の水漏れがあり,これが地下水脈を通って坑道から出ていく危険が懸念されている。この汚染水を現在必死に地上に汲み出しているという。処分場としての廃止が決定され,坑内廃棄物は取り出すことが法定されているが,腐食したドラム缶をどのように取り出すのか,それをどこに搬出するのか不明のままという。地層処分のはらむ危険性,長期にわたる管理の困難性を象徴するものといってよい。結局ドイツも,核廃棄物の処分について,実態的には解決の目途が立っていないことが分かる。福島後も,世界的にはエネルギー資源開発の一環として原子力発電所の設置が相次いでいるが,操業上の安全性を別としても,核廃棄物の処分の目途なしでは,着地のあてのない飛行に飛び立つようなものであろう。

第3節　停止状態社会

　上記①と②は，経済成長至上主義がもたらす難題を示すものであるが，しかし実は経済成長の追求それ自体が，先進国では限界に突き当たっているという現実がある。それを端的に示すのが先進国における利子率の低下傾向であり，異常とも言えるほどのその率の低さである。経済活動は利潤の獲得を目指して行われるが，利子率は利潤率の見やすい指標である。スミスを借用すれば，平均利潤を正確に掴むのは難しいとしても，「利子率の推移は，われわれが利潤の推移についてある観念をつくりあげることを可能にする」のである。貨幣の使用によって多くの利潤が得られれば利子率は高くなり，逆は逆だからである。長期で見れば，利子率の推移が利潤率の推移と大きく乖離することは考えられない。その利子率が現在先進国では大きく落ち込んでいる。例えば，市中金利の基準となる公定歩合（政策金利の性格を失って変更されるなど，国々で名称は違う）は，今世紀に入って低下を続け，多くの国で1％を切っている（前掲『世界国勢図会』など参照）。また長期国債の利率（長期金利）も，1980年以降ほぼ一貫して低下を続けている（前掲『世界経済図説』など参照）。わが国を例にとれば，2014年現在，基準割引率は0.3％，長期金利は0.5％を切っている。この状況は政策的な金融操作だけでは説明できない。むしろ低利子に表現される低利潤という国内経済の体質が，このような金融政策がとられる背景にあるというべきであろう。低利潤体質は，需要が飽和し，資源価

格が騰貴し，成長そのものが限界点に達しつつあることを示している。これに対処して，個別企業が発展余力のある国外に資本を移転して活路を求めたとしても，それはこの経済体質そのものを変えることにはならない。丁度リカードやミルが国内農地の有限性からくる利潤率の低下を，国外の肥沃な農地と資本輸出によって当面回避できると考えたのと類似の動きといってよい。

　先進国内部で経済成長そのものの条件が失われつつあるとすれば，経済成長を至上とする社会からの転換が否応なく求められる。それは上記①，②が示唆する社会像と，成長依存からの脱却という方向性で一致する。それはミルのいう停止状態社会であり，ローマ・クラブのレポートにいう均衡状態の世界である。広井良典は，現代を狩猟・採集社会と農耕社会に生じた定常期に続く人類史上の「第3の定常期」へ移行する構造変化の時代と捉えている（『人口減少社会という希望』朝日新聞出版，参照）。このような停止（定常）状態や均衡状態とは，出生率が死亡率とほぼ等しく，投資率が資本の減耗率とほぼ等しい状態であり，他の社会の主なストックも安定的である状態ということができる。しかしそれは静止状態，停滞状態とは異なる。そうした条件下でも，たとえば産業技術はたえず変化し，改善できる。適切な比喩を借りれば，川の水は絶えず変化しながら流れているが流量そのものはほぼ一定であるのと同じく，全体のフローはほぼ一定であるというのと同じである。こうした社会構造の中身，およびこうした社会を実現する過程については，すでにほぼ共通の土壌に立った様々な提言がある。以下それらの重要論点につ

いて簡潔に整理しておきたい。

　先ずは人口である。先述のように世界人口は1950年の25億人から現在では72億人近くまで増加している。近年の世紀転換後の10年で増加の著しい地域はアフリカであり、ラテンアメリカ、アジアと続く。国連の3通りの予測のうち、中位推計では2024年に80億人、40年に90億人を超え、50年には96億人になる。低位推計では42年に80億人達したのち減少に転じるものとみられている。世界人口をこの低位推計レベルにとどめることが目標となる。すでに日本やドイツ、東欧諸国のように人口減少社会に入った国の他、先進国の人口動態は均衡に向かっている。問題は開発途上国、なかんずくアフリカである。この問題の解決の鍵を握る問題は、教育と貧困だと見られている。この両者は関連している。正規の教育をうけない子供はハンディキャップを背負い、それが貧困から抜け出せない原因ともなる。女児の就学率が上がれば、出生率が低下することが知られており、その意味で教育における男女平等の意義が強調されている。極度の貧困から抜け出せば、人口増加率は逓減に向かう。その点でも、飢餓人口の圧倒的部分を占めるアフリカをはじめ、途上国の貧困問題の解決が同時に、人口問題の解決につながる。Ｊ・サックスは、これらの国でも開発の梯子の一番下の段にさえ足がかかれば、自力で貧困の罠から脱することが可能であるが、その始動に必要な最小限の諸事業（農業、健康、教育、電力・輸送、衛生）には、先進国の援助が不可欠だとして、国連ミレニアム計画が約束したＧＮＰの0.7％の資金援助が、口約束ではなく実行される必要を強調している（『貧困の終焉』早川

書房)。解決は意志と熱意にかかっている。

　L．R．ブラウンは，再生不可能な有限な資源については，鉄鉱石やアルミニュームなどの鉱物資源はリサイクルによって使用の削減に努めると同時に，エネルギー資源についてはその効率的利用が先ずは不可欠であるとする。彼は「エネルギー使用量を削減できる余地は莫大」だといい，その具体例を列挙している。例えば，工場・店舗・家庭などでの照明のLED化，建築物のゼロ・カーボン化（断熱化や自然エネルギーによる自家発電など），交通システムの革新（電気自動車への転換，高速鉄道網の整備，自転車利用の拡大など）がその幾つかの例である。しかし根本的には化石燃料から自然エネルギーへの転換・活用が不可欠だとされる。それは風力，太陽光（太陽光発電，太陽熱発電，屋上太陽熱温水器など），地熱，エネルギー作物（トウモロコシなど），水力（潮力，波力を含む）などの利用である。これらの中で，最も重視されているのは風力である。エネルギー効率の悪いエネルギー作物の利用に否定的なのは妥当であるが，これら以外に再生可能なエネルギー資源として木材をつけ加えるべきであろう。またこれらの資源の比重は，それぞれの国の地勢的条件で変わるであろう。いずれにせよ自然エネルギーの活用のためには，船とパイプラインに頼る従来型エネルギーに代わるエネルギー輸送システム（送電網）の整備が欠かせない。これからの人間社会のあるべき姿をコンパクトに整序した提言の書『生存の条件』（旭硝子財団編，信山社）は，その中でこれら自然エネルギー全てが太陽エネルギーに由来するところから，それに支えられた社会を「太陽エネルギー社

会」と呼んでいる。ここでは自然エネルギーのうち最も技術的潜在力が高いものとして、太陽熱発電が紹介されている。太陽エネルギーは無尽蔵に近く、その0.5％を利用できれば、そのエネルギー量は化石燃料などの全資源埋蔵量に匹敵し、現在の人類が利用しているエネルギーの60倍強になることが強調されている。しかもそれは枯渇する資源ではない。多くの提言でこのような自然エネルギーへの転換を推進する施策として提言されているのは、二酸化炭素排出に対する税の引き上げや自然エネルギーの固定価格買い取り制度などであるが、後者は既に多くの国で導入されている。二酸化炭素を排出する製品価格について、環境への負荷という「外部費用を内部化」した「影の価格」を付けることの意義を強調する提言もある（例えばP．コリアー『収奪の星――天然資源と貧困削減の経済学――』みすず書房、参照）。

　劣化した環境の修復が急務となっている。共通に指摘されているのは、森林の保護と再生、水資源の保全、土壌の保全、漁場の保護と回復などである。ここでは森林と土壌に触れる。

　先に記したように、今世紀に入っても世界の森林面積は減少を続けている。ヨーロッパとアジアでは拡大に転じているが、南アメリカとアフリカでの消失が大きいためである。森林は酸素を供給し、二酸化炭素を吸収する。これら両大陸の熱帯雨林は、その点で大きな役割を担っている。アマゾンだけで世界で消費される酸素の4分の1が作られているといわれている。近年熱帯地域の森林の縮小と温帯地方の森林の拡大の差によって、毎年差し引き15億トンの二酸化炭素の吸

収減が生じているという。それは地球温暖化を強める作用でもある。現存する森林の伐採を制限・禁止する一方で，森林再生のために植林に努めなければならないが，この点でのお手本としてよく挙げられているのが，全土裸山状態から森林を再生した韓国である。植林には，経済林という側面だけではなく生態系の回復という観点が考慮されなければならないであろう。この点で単一樹種の造林という傾向は問題となる。土地の保全についてブラウンが提唱しているのは，1つは世界の耕地の推定10％にあたる浸食されやすい土壌を休ませ，表土が失われて不毛地になる前に，草や木を植えることである。休耕し，草や木を植える農家には，コストに見合う分が支払われる。2つは保全型農法の導入である。その試みの1つ，不耕起栽培とは作物の残余物の間から耕していない土に直接穴をあけ，種を植えていく方法で，種が挿入されていない土地は残余の作物で覆われていて浸食に強い。この耕作方法はトウモロコシと大豆の栽培で世界的に用いられ，アメリカ，ブラジル，オーストラリアなどで急速に拡がっているという。放牧地の保護と回復については，過剰な放牧をなくすこと，放牧を禁止して土を休ませ牧草を育てる期間を適切に設けることが説かれる。牧草地の劣化が集中しているのは最貧国であるが，土壌の劣化に目をつぶっていれば，いずれ生活の糧をも失いかねないことになる。森林，土壌の他，水資源，漁場を含めて自然システムを修復するのに要する全支出額は，1100億ドルと推計されている。

　自然エネルギーに支えられる社会になれば，様々な社会的変化が予想される。1つは地域経済の比重の増大である。自

然エネルギーは特定の地域に偏在してはおらず,比較的広い範囲から得られる。地域から得られるエネルギーで,各地域がそれを軸としたシステムの構築が可能となる。1例をオーストリアにとろう(藻谷浩介・NHKヒロシマ取材班『里山資本主義』角川書店,参照)。この国は,「脱原発」を憲法に明記するとともに,石油とガスという輸入資源への依存を引き下げ,中心に自然エネルギーを置く政策を,その利用拡大のために補助金を増額して推進している。その重要な柱の1つが木を利用するバイオエネルギーである。ただし利用の木材は過伐を避け,森林成長の範囲に限定されている。各地にバイオマス発電施設が作られ,その際出る排熱が地域暖房と給湯のために利用される。また木質ペレットが生産され,これを熱源とする暖房と給湯のシステムが広く整備されてきている。バイオエネルギーの割合を34%にするのが目標という。森林の育成・伐採からペレットへの加工,バイオマス発電にいたるまで,バイオエネルギーの生産は全て地域と強いつながりがある。労働需要も拡大する。それは地域再生の活動となる。その代表的なものとして,疲弊した寒村にすぎなかった同国ギュッシングが1990年化石燃料から木材にエネルギー源を変えていくことにし,現在ではエネルギー自給率は72%に高まり,同時に地域経済が復興したという事例が紹介されている。わが国の事例としては,中国山地における同様な方向性での試みが紹介されている。

　エネルギー源が何であれ,自然エネルギーの活用による自給率の向上と売電による利益,それを軸とした地域再生,こうした試みはドイツ各地でも見られ,南ドイツの村々は必要

量の 6 倍のエネルギーを生産していると報じられている。エネルギーだけではない。食糧の「地産地消」をはじめ地域に根ざした資源を地域で活用することが，地域再生の鍵をにぎるであろう。前掲広井良典はこうした地域循環型の「コミュニティ経済」の生成・拡大こそが，人口減少社会に「希望」をもたらすと見る。

　停止状態社会は自ずから人間の行動原理に変化を促す。社会全体の富＝パイの大きさは変わらないが，人口増もないから，その限りでは 1 人当たりの所得も変わらない。しかしこれまでと同様，人々が自らの経済的地位の向上を至上的価値として競い合い，1 部の人間が多くの富を取得すれば，パイが同じである以上，それ以外の人間の取得する富は減少せざるをえない。現在既にしきりに議論されている格差社会化が，確実に構造化される。それは不可避的に社会を分裂化させ，不安定化させるから，もちろん望ましい社会のあり方ではない。ここでミルを想起したい。彼は富裕が万人の野心の対象であり，そのために人を踏みつけ，押し倒すことを厭わない状況は，社会的完成から遠いという。停止状態では，社会解体の危険からこれとは異なる行動原理が生れなければならない，あるいは生まれざるをえない。それは協同，共生，連帯という価値に親和的な，社会的により高い行動原理である。それはまた「利害の孤立ではなく，その連合」を説くミルの社会思想の根底にあったものである。彼は競争の積極的意義を強調しているが，それもまた「共通な利益の追求における友誼にみちた競争」なのであった。協同組合などのアソシエーション，各種のＮＰＯなどは，こうした行動原理から

生みだされる。この行動原理はミルが停止状態には不可欠とみる，節倹と勤労に応じた正当な果実の取得＝「よき分配」に結びつくことになる。必要以上に富裕な者も，生活の資にこと欠く者もいない社会こそ彼が最善とみた社会であった。非正規労働者が低賃金に苦しみ，過度労働を余儀なくされるような格差社会の否定である。また停止状態社会は停滞した社会ではなく，彼によればむしろ人間的発展を促す社会であって，技術改善も人間の文化的，精神的発展のために必要な時間的余裕＝労働の節約という本来の目的のために機能することになる。この社会は，経済「成長」ではなく人間的「発展」をキーワードとする社会だといってよい。

おわりに——経済成長至上主義への挽歌——

諸々の状況が，経済成長に依存することの限界と危険とを示しているにもかかわらず，依然として成長至上の感情＝成長信仰は強固である。その理由の1つは，経済成長のもたらす心地よさにある。スミスは社会が「もっとも快適」なのは，社会が「富の獲得に向かって前進している進歩的な状態」のときだという。富の絶対的高さが問題なのではない。前進する社会，それは「さまざまの階級のすべてにとって心から楽しい状態」なのである。先進国は工業化の過程で，こうした幸福な時期を経験し，その体験は社会にしみこんでいる。D．コーエンも「現代社会は，経済的豊かさよりも，経済成長に飢えている」といい，幸せだったフランスの栄光の30年を振り返りつつ，「経済成長が減速すると，社会には必

然的に不満が募る」と指摘する(『経済と人類の1万年社会から，21世紀世界を考える』作品社)。

　成長信仰の最も大きな理由は，経済成長こそが社会と個人にとって，既存の状態を改善し希望をかなえてくれるという意識であろう。前進する社会という観念と結びついている。社会全体のパイが増えれば，社会のさまざまな分野に不足していた投資が可能となり，個人にとっても受けとるパイが増えるという期待がもてる。逆にいえば，経済成長なしには社会的に必要な投資が不足し，個人にとっては雇用と賃金に不安を感じるということになる。脱成長を説けば，「明日の糧を失ってもよいのか」という威迫がくる(小林昇『帰還兵の散歩』未來社)。こうした感情が，成長信仰を支えている。成長戦略がスローガンとして切り札になる。

　しかしこうして成長を至上とする活動の積み重ねが，どのような状況を招来しているかは既述の通りである。地球が許容しうる範囲を超えはじめているのである。ただ成長の限界を指摘する警鐘は，なかなか社会に浸透しない。事態の深刻化から変わりつつあるとはいえ，拒絶反応がなお支配的である。そうした反応に示されているのは，自らが被害を被るまでは，関心を当面の問題に絞り，長期的視野を要する問題を不問に付す傾向である。ことに自らの利害に関係がある場合には，不愉快な問題には目をつぶり，先送りしがちである。当面の景気浮揚のためとして，国債が際限なく膨れ上がっていく状況はその象徴であろう。極端に言えば将来どうなろうと，それは将来世代が解決すべきであって，今を生きる人間には関係がないという発想になる。こうした近視眼的無関心

が蔓延すれば,いま生みだされている人間生存の条件を左右する深刻な負の遺産を,将来世代にたっぷりと残すことになる。いまわが国で原子力発電所の増設や発電の再稼働が問題になっている。前掲大島堅一を参照すれば,発電所の廃炉作業,放射性廃棄物の処理などを含めると,事故の際の損害賠償や立地対策などの政策コストを除いても,発電コストは火力,水力と較べるとはるかに高くつく。しかも危険な放射性廃棄物の処理に目途が立たないにもかかわらず,また全炉停止でも電力不足は生じなかったのに,建設費,燃料費,運転維持費などに要する直接的コストの比較だけで当面安い電力として利用できるとして,長期的問題に目をそむけてこれを容認すれば,後代に何万年にさえなる危険な負の遺産を残すことになる。これも目先の利益にとらわれた経済成長至上主義の現れであるが,こうした姿勢の倫理性が問われなければならない。

　近年現代文明の将来を危惧する書物が,相次いで刊行されている。危機感の醸成を物語るものであろう。これらはかつて話題となったノストラダムスの予言のような宗教的終末論とは違い,科学的知見に基づいている。こうした研究を代表するのは,Ｊ.ダイアモンド『文明崩壊――滅亡と存続の命運を分けるもの――』（草思社文庫）であろう。そこではこれまでの文明崩壊の数多くの事例が検証されている。重要な論点の幾つかを拾い上げてみると,1つは現代文明の崩壊の問題は,これまでの局所的な場合とは違って,外部に助けを求めることのできない地球規模の問題であるということであり,2つは過去の文明崩壊と森林破壊との強い相関性であ

る。しかし最も教訓的な論点は，危機が予見される場合でさえ，それまで社会を支配してきた価値観を捨てることの困難さである。象徴的事例は，慣習となった行動原理が全島の森林をまるごと裸にして社会を崩壊させたイースター島の場合である。今日では経済成長至上主義がそれにあたろう。彼は経験的事例を踏まえていう，希望は「長期的な思考を実践する勇気，ちょうど問題が顕在化してきて，けれどもまだ危険な局面には至らないような時点で，先見性のある大胆かつ明確な決断を下す勇気」にあると。それは脱成長に舵を切る勇気であり，本章第2節が示唆する諸対応に早急に取り組む勇気であろう。

第4章 経済成長の前提条件

はじめに

かつてW.W.ロストウは，経済成長の諸段階を論じる中で，経済成長を軌道にのせる産業革命という工業化の始動期を，「離陸」（take off）という飛行用語で表現した。この「離陸」を通して，農業中心の社会から産業革命を梃子にした工業化が急速に進み，それが経済成長の動輪となった。経済成長の観念と工業化とは不可分に結びついている。本節では先ずこの経済的「離陸」＝工業化を可能にする根本的な前提条件が何であるかを，経済学史の世界の中に探ってみることにしたい。拙著『近代経済思想再考』第1章では，この問題に明晰な考察を加えたチュルゴーを中心におき，関連してそれと同趣旨の議論を展開したスミスとマルクスにも簡潔に触れたが，本章前半ではそれらの点により詳細な追補を試みたい。また本章後半では，『再考』では触れなかった経済的「離陸」と工業化に関連する若干の問題を新たに取り上げて論じ，その欠を補っておきたい。

第1節　農業基礎論の理論的系譜

① チュルゴー

何よりも先ずA.R.J.チュルゴーである。彼は18世紀中

葉から大革命直前まで地方長官や財務総監として活躍した優れた行政家であった。しかし同時に卓越した理論家でもあって，その主著『富の形成と分配に関する諸考察』（津田内匠訳『チュルゴー経済学著作集』岩波書店，所収，以下『考察』）は，農業のみをただ1つ投入額より産出額が多い生産的分野とみるフィジオクラシーの理論的枠組みを前提しながら，その枠組みをこえてスミス的な近代資本主義像に限りなく接近する鋭い考察に満ちている。『考察』のこの側面は先の『再考』の第1章第1節に委ねて，ここでは彼が農業を重視した際に何よりも強調した農産物の人間生活にとってもつ使用価値上の特殊性と，そこから帰結する農業の経済構造全体にとっての自然的基礎としての重要性といういま1つの理論的側面に着目したい。もちろん彼の農業重視の見地は，ケネーと同様に，農業では土地という自然の「純粋なたまもの」として剰余が生産されるという点が支柱の1つである。ただ彼には，その前に押さえておかなければならないとされる重要な観点，つまり農業と他産業との「本質的相違」という観点がある。彼は『考察』の第5節で次のようにいう。少し長めになるが，この節の全文を2つに分けて引用しよう。

「農業労働者は，すべての者にその最も重要な消費物（すなわちかれらの食料品と，それにほとんどすべての成品の材料）を大量に提供している点で，ヨリ大きな独立した利益をもっていることに注意すべきであろう。農業労働者の労働は，社会のさまざまな成員間でふり分けられる諸労働のなかで，かってかれが孤立状態のときに自分のあらゆる

欲求のためにふり当てざるをえなかった・さまざまな労働のうち，食糧を供給する労働が持っていたのと同じ首位，同じ優越を保っているのである。この場合，それは名誉とか品格とかの優越ではない。それは物理的必然の優越である」。

　チュルゴーにとって農業が重視されなければならないのは，ケネーにならって農業のみが剰余を生産できると見ていたからだけではないことが分かる。ケネーの「経済表」は，シュムペーターによれば，「経済過程をもって，それぞれの期間に再び自己に立ち戻る所の経済循環」として捉え，それを図表という表現方法によって「経済的均衡の本質の明示的な観念」を伝えるという天才的な史上最初の方法であった。ただそこでは農業が，何よりも 30 億フランの支出で 50 億フランを産出し，20 億フランの剰余＝純生産物を生みだすという価値視点から位置づけられている（「経済表の分析」参照）。しかしチュルゴーの場合こうした価値視点に先だって重視されているのが，上の立言のように農業労働者がすべての人間の生存に不可欠な「その最も重要な消費物（すなわちかれらの食料品と，それにほとんどすべての成品の材料）」を大量に提供している点にあることが分かる。農業労働は食糧を供給するという点で，さまざまな労働にたいして優越する。それは「物理的必然の優越」なのである。価値視点の前に，このように農産物のもつ物理的な，いいかえれば使用価値上の特殊性が押さえられていることに注目しなければならない。ここから次のような議論が導出される。

「一般的にいえば,農業労働者は他種の労働者たちの労働なしにすますことができる。ところがいかなる労働者も,農業労働者がまずかれを食べさせなければ労働することはできないのである。したがって,必要物の相互交換によって人間を相互に必要ならしめ,社会の紐帯を形成する・この循環において,最初の活動を与えるのは農業労働者の労働である。かれの労働が自分の必要以上に土地から産出させるものこそ,社会の他のすべての成員たちが自分の労働と交換に受けとる賃金の唯一の基本である。かれらはかれらで農業労働者の生産物を買うために,この交換の価格を用いて,かれらが受けとったものを正確に農業労働者に返すだけである。これは,これら2種の労働間における,まさに本質的な相違である。そしてこの相違から派生する無数の結論に立ち入る前に,それが自明の理であることをはっきり理解するためにこの相違を力説しておくことが必要である」。

ここで注視しなければならない最も重要な点は,「農業労働者は他種の労働者たちの労働なしにすますことができる。ところがいかなる労働者も,農業労働者がまずかれを食べさせなければ労働することはできない」という議論である。ここにこの節のタイトルでいわれている農業労働者の「工匠に対する優位」がある。ここからおのずと導きだされるのは,農業がその分野を支えるだけの食糧しか生産できないとすれば,他のいかなる分野も成立できないという結論である。農

業以外の経済分野の成立可能性、さらにはその拡大可能性は、何よりも農業の生産性いかんに依存しているのである。農業労働者の労働が「自分の必要以上に土地から産出させるもの」が「社会の他のすべての成員たち」の生活を支えるからである。必要物の相互交換によって社会の紐帯を形成する経済循環も、その「最初の活動を与える」のは農業であって、チュルゴーはこの点を農業労働とその他の労働との間での「本質的相違」とよび、あらゆる議論に先だってこの相違が力説されなければならないという。当然に見えて、しかし見事な洞察といってよい。この点を明示し、強調したのは彼の大きな功績であろう。

　このように、伝統的経済構造から工業を推進力とする経済的「離陸」のためには、逆説的だが何よりも先ず農業生産性を高める農業革命が不可欠だといわなければならない。関連して2点付言しておこう。1つは工業化が繊維産業のような農業生産物の加工からはじまる——それが工業化の最も自然で安定的なコースであろう——とすれば、農業は農業および工業従事者を扶養するたる食糧品を供給するレベルをこえて、さらに工業用原材料（チュルゴーのいう「成品の材料」）を余剰として供給できる生産力水準に達していなければならないという点である。工業の自立化のためには、農業生産力が工業労働者の扶養という面だけでなく、工業用原材料の供給という面でも、その条件を充足しなければならないのである。2つはこの問題は農業と工業・商業など他の経済分野との関係に止まらないという点である。人類史をたどればある段階から、ほとんどの社会の内部に、もっぱら宗教や政治な

どに従事する人びとが遊離されてくる。それもまた農業の発展と不可分である。こうした経済以外の分野が独自の人間集団によって担われて自立化する背後には、紀元前8500年ころに始まった狩猟採取経済から農耕経済への転換とその地域的拡大および農業生産力の漸次的な上昇という事情があったことは明らかである。その意味で、農業はたんにあらゆる経済の基礎というだけでなく、あらゆる社会生活の基礎をなすものといってよい。

② スミス

　工業化に先だって農業生産力の発展がなければならないことをはっきり自覚しているのはA.スミスも同様である。それは『諸国民の富』(大内兵衛・松川七郎訳、岩波文庫) 第3編第1章「富裕の自然的進歩について」における総括的結論、つまり「事物の自然的運行によれば、あらゆる発展的社会の資本の大部分は、まず第1に農業にふりむけられ、つぎに製造業にふりむけられ、最後に外国商業にふりむけられる」という見地をみてもわかる。資本は何よりも先ず農業生産力の発展のためにふりむけられなければならないのである。ただし資本投下の自然的順序についてのこの結論を導き出す際、彼には相異なる2つの視点があるように思われる。1つは、第2編第5章「資本のさまざまな用途について」の中にみられる価値の視点からの考察である。

　　「等額の資本のうちでは、農業者の資本ほど多量の生産的労働を活動させるものはない。かれの労働する使用人ばか

りでなく、かれの役畜もまた生産的労働者なのである。そのうえ、農業においては、自然もまた人間とならんで労働するのであって、しかも自然の労働にはなんの経費もかからないけれども、その生産物は、もっとも経費のかかる職人のそれと同様に、その価値をもっているのである。……それゆえ、農業に使用される労働者および役畜は、製造業における職人のように、自分自身の消費物に等しい価値、すなわち、かれらを使用する資本に等しい価値を、その所有者たちの利潤とともに再生産するばかりではなく、それよりもはるかに多くの価値の再生産をひきおこす。すなわち、かれらは、農業者の資本およびそのすべての利潤をこえてなおそれ以上に、地主の地代の再生産をも規則的にひきおこすのである」。

みられるように、スミスは農業では利潤以上の価値、すなわち地代が再生産され、それゆえに資本の利用方法のなかで、それは「この上もなく有利なもの」と考えている。社会に存在する資本に限度があるかぎり、この不十分な資本は最も有利な方法で使用されなければならなず、その場合に最も急速な蓄積を実現することができるのであるが、だからこそ利潤をこえて「はるかに多くの価値の再生産をひきおこす」農業への投資が、何よりも重視されなければならないとみられているのである。かれはこうした見地を裏付ける例証としてアメリカ植民地をあげ、そこでは「ほとんど全資本が従来農業に使用されてきた」のであるが、これが「それらの植民地が富および偉大にむかって迅速に進歩した主要な原因である」

という。

　このような価値視点からする農業重視の見地を支えているのが，役畜の「労働」をひとまず置くとすれば，「農業においては，自然もまた人間とならんで労働する」という認識であることは明らかである。こうして利潤をこえる地代は，「自然の諸力の生産物」「自然の所産」とされる。ここには土地という自然を価値の源泉とみる点で，フィジオクラート的見解への逆戻りがみられる。スミスは，貨幣に固執する重商主義を否定し完全な取引の自由を主張する点でフィジオクラシーを評価したが，他方でかれは農業労働だけが生産的だとする点において，この体系があまりに狭隘で局限されているとしてその理論体系の核心部にある「誤謬」を指摘していた。というのもかれはあらゆる労働が富の源泉であるとみており，したがってまた剰余は農業に限らずあらゆる産業分野で生みだされうるとみていたからである。ところが人間労働ではなく土地という自然も「人間とならんで労働する」ものとして，同じ労働のなかに強引に包含させられて，それが利潤以上の剰余を生みだす源泉とされている。あらゆる産業分野で剰余が生みだされうるとみる点で，フィジオクラシーと1線が画されているとはいえ，地代を自然の所産とみる点で，ここでの議論はフィジオクラシーと同趣旨のものといわざるをえない。人間労働をこそあらゆる商品価値の「実質的尺度」とみていたかれの価値論の根幹に矛盾する点で，理論的な自己撞着といわなければならない。この理論的破綻は，スミスが農業が特殊により生産的だという主張を支えるために，「製造業においては，自然はなにごともせず，人間が一切のことを

なす」と強弁している点にも明瞭にあらわれている。この点については，製造業における自然の諸力の「助力」を列挙してその不当を指摘するリカードの批判は適切であろう。地代は，自然の「労働」や「助力」とは別の観点から，説明されなければならない。

しかしスミスにはこれとは異なるいま 1 つの視点がある。それは使用価値の視点からの考察である。先の資本投下の自然的順序の結論を，その末尾に記した第 3 編第 1 章のなかで，彼は次のようにいう。

「生活資料は，事物の性質上，便益品やぜいたく品に先だつものであるから，前者を調達する産業は，必然に，後者に奉仕する産業に先だたざるをえない。それゆえ，生活資料を提供するいなかの耕作や改良は，必然に，便益やぜいたくの手段しか提供しない都会の拡大に先だたざるをえないのである。いなかの余剰生産物だけが，つまり耕作者の生活維持以上のものだけが，都会の生活資料を構成するのであるから，都会はこの余剰生産物が増加してはじめて拡大しうる。……都会は，すくなくともそれが位置する領域が完全に耕作され改良されるようになるまでは，どのようなところにおいても，その領域の改良や耕作によって維持されうる以上には拡大されえなかったであろう」。

上記のようにスミスは，食糧のような生活資料は生命の維持に不可欠だという事物の使用価値上の性質を押さえた上で，都会の便益品やぜいたく品を作る産業はいなかの耕作者

第 4 章 経済成長の前提条件　143

が自らの生活維持以上の余剰生産物を作り増加させてはじめて成立し拡大できるという。だからこそ先ずいなかの農業に資本が投下され農業生産力が高められなければならないのである。ここでは先にみたように農業が価値を付加する上で最も有利であるかどうかとは無関係に，生活資料という素材の性質が，したがってそれを生産する農業の特質が重要な意味をもっている。都会における工業の自立的発展＝経済的「離陸」が可能となる理論的根拠が明確にされているといってよい。

　以上のような，農産物の使用価値上の特性を押さえた上で，農業が自己維持以上の余剰を生産できるようになってはじめて工業が自立できるという使用価値視点からの農業重視論は，語る言葉は違ってもその論理はチュルゴーのそれとうり２つである。フィジオクラシーへの逆戻りともいうべき第１の価値視点からのそれをも考慮すれば，一層チュルゴーとの類縁性を指摘できるかもしれない。スミスは，当時流行であったイギリスの貴族の子弟の「グランド・ツアー」に家庭教師として同行して滞仏中，チュルゴーと再三面談し，経済学上の諸問題について議論をかわすなど親しい間柄であったと伝えられる。『諸国民の富』が出版された時，フィジオクラートのデュポンがそれを「チュルゴーの模倣」と評したという。もちろんそれは，チュルゴーがなおフィジオクラシーの理論的枠組みから脱却できていない点を考えれば，全体としては的を射た評価とはいえないが，上記の議論の限りでは当たらずといえども遠からずといえるかもしれない。「模倣」かどうかはともかく，工業化（＝経済的「離陸」）のためには

農業生産力の上昇が不可欠の前提だとする使用価値視点からの見方は、チュルゴーからスミスへと継承されているといってよい。

このような見方を踏まえて、スミスは近代ヨーロッパの経済史を概観している。そこではヨーロッパ諸都市の工業の発展が農村に起源をもっていること、「製造業は農業の子孫」、「製造業の拡張や改良は、農業の拡張や改良の結果」であることが、いいかえれば「産業革命」に先行する「農業革命」の存在が摘出されている。価値視点からの考察に際しフィジオクラシーに逆戻りするかのような理論的混乱がみられたとはいえ、以上の指摘は近代工業の成立史についての、鋭い直感にも支えられた大筋で妥当な把握であった。こうしてかれの資本投下の自然的順序論は、「資本の理論の一分岐としてはほとんど破産しつつも、的確かつ鋭利な歴史認識をみちびき出すことになった」(小林昇『小林昇経済学史著作集Ⅰ　国富論研究(1)』未来社) といってよい。

③　マルクス

工業の自立化の前提条件にかんする問題について、Ｋ．マルクスはスミスとは違って明らかにチュルゴーとの関係を意識している。彼は『剰余学説史』(『マルクス＝エンゲルス全集』第26巻第1分冊、大月書店) の中で、フィジオクラシーへの批判的検討を行っているが、その1部として簡単ながらチュルゴーが取り上げられている。彼をこのようにフィジオクラートの1人として扱うのが妥当なのかどうか。『考察』が『市民日誌』に掲載された際、忠実なフィジオクラートであった編

集長デュポンがこれに加筆修正を加えたことにチュルゴーが憤慨して，原稿どおり改訂するか，正誤表を挿入することを要求したこと，彼あての手紙で「あなたは工業に対する反感にとらわれすぎていて……この工業を，そのあらゆる部門において束縛するところの，すべての種類のみじめな桎梏を打破することを忘れている」と厳しく批判していた事情，もっといえば彼がフィジオクラシーの理論的枠組みの中でとはいえ，それをほとんど超えるまでにスミス的な近代資本主義像に接近していた点などを考えると，シュムペーターのいうように彼は「フィジオクラートに共感をもった非フィジオクラート」だとみるのが適当かもしれない。ただしマルクスも，チュルゴーと他のフィジオクラートとの違いには注意を払っていて，検討の冒頭で「チュルゴーは，最も進んでいる」として高い評価を与えている。その評価の論点は2つある。1つは農業で生みだされる剰余の性質とその取得をめぐる問題であり，他の1つが本節で主題的に取り上げている農業の位置づけをめぐる問題である。第1の問題が検討の大部分を占めているが，本稿のテーマからすれば付随的なものなので，以下手短かに触れることにしたい。

　チュルゴーにおいては農民の労働が自分の必要以上に生産する超過分が「自然の純粋のたまもの」として捉えられ，この超過分は農民が土地所有耕作者である場合はまだ彼ら自身によって取得される。しかし土地所有と土地耕作とが分離することになればこの超過分は土地所有者の収入になり，彼らはこれによって「労働せずに生活することができる」と指摘している。マルクスはこの議論に対して，次のような評価を

与えている。チュルゴーのいうように,「土地所有者は耕作者の労働なしにはなにも手にいれるものはない」のであるから,土地所有者の手中にはいるあの超過分は「もはや「自然のたまもの」としてではなく,他人の労働の――等価を支払わぬ――取得として現れる」こと,したがって「われわれは,フィジオクラートが,農業労働の範囲内で,いかに剰余価値を正しくとらえているか,いかに彼らが剰余価値を賃労働者の生産物としてとらえているか,を知るのである」と。自からの剰余価値論に連接するものとしてのチュルゴーへの肯定的評価である。マルクスは,さらに農業の資本主義的利用についてのチュルゴーの分析に対して検討を進めるのであるが,それはここでは割愛しよう。

いま1つの論点,農業の位置づけについては,実はマルクスの語るところは,量的には少ない。しかしチュルゴーの議論の核心は,的確に継承されている。彼は本章①チュルゴーの部分でその全文を紹介した『考察』第5節の大部分を抜き書きし,次のようにいう。

「なぜ農業労働者だけが生産的であるかということの第1の根拠は,それが,他のすべての労働が自立的に行われることにとっての自然的基礎であり,また前提であるということにある」。

これは直接にはチュルゴーの解釈としていわれている。しかし農業が他産業の自立化の基礎であるという結論はマルクス自身のものでもあった。この結論の根拠,チュルゴーの表

第4章 経済成長の前提条件　147

現では「いかなる労働者も，農業労働者がまずかれらを食べさせなければは労働することはできない」という点について，実はマルクスはこのチュルゴー解釈の叙述に先だって，リチャード・ジョーンズを引きながら，これを以下のように立ち入って論じると同時に，それを論拠として先の結論を自ら事前に確認していたのであった。

　「外国貿易を捨象するとすれば——フジオクラートがブルジョワ社会を抽象的に考察するためにそれを捨象したことは正しかったし，またそうしなければならないことだった——農業から自立的に分離され，製造業などに従事している労働者の……の数は，農業労働者が彼ら自身の消費を超えて生産する農産物の量によって規定されることは明らかである」。
　「こんなふうに農業労働は，それ自身の部面における剰余労働にたいしてだけでなく，ほかのすべての労働部面の自立化にたいしても，したがってまたそれらの部面でつくりだされる剰余労働にたいしても，自然的基礎をなす……」。

捨象されている外国貿易を考慮に入れれば，どういう事態の変化が考えられるのか，この点については次の第2節で取り上げよう。ここで確認しておきたいは，人間生存の根幹である食糧品を供給する農業が，自らの消費を超えてそれを生産してはじめて，他産業の自立化が可能となるというチュルゴー，スミスと続いた理論的系譜が，マルクスによっても確実に継承されているということである。その際スミスとは違っ

て，チュルゴーがはっきりと意識されている。こうした3者に共通する，工業化の前提としての農業生産力の発展の必要という点は，たんに過去の近代資本主義形成期の問題だけではなく，開発途上国ではことに重要な今日的問題でもある。この点にも次節で触れたい。

第2節　関連する諸問題

①　農業と外国貿易

『考察』のチュルゴーは，外国貿易には触れていない。何よりも先ず農業が他産業の自然的基礎であることを鮮明にするためには，適当な捨象であったといってよい。しかし捨象された問題は，いずれ俎上にあげなければならない。スミスは，第3編第1章で農業と他産業との基本的関係を論じた後，同第4章でごく簡単ながら外国貿易の耕作の改良への影響に触れ，また第4編第9章で「農業の体系」（＝フィジオクラシー）の否定・肯定の両面を論じた際，農業と外国貿易の問題をあらためて取り上げている。農産物の輸入の問題である。そこでは次のようにいわれている。

「たとえこの体系が想定していると思われるように，あらゆる国の住民の収入は，まつたくかれらの勤労が調達しうる生活資料の量に存するという想定にたってさえも，貿易国および製造業国の収入は，他の事情にして等しいかぎり，貿易または製造業のない国のそれよりも，つねにはるかに大きいにちがいない。ある特定国は，貿易や製造業のおか

げで，自国の土地がその耕作の実情において提供しうるよりも大量の生活資料を年々輸入できるからである。都会の住民は，たとえ自分の土地というものを全然もたぬことがしばしばあっても，自分たちの勤労のおかげで，自分たちの仕事の原料ばかりか生活資料の元資までも供給するほどの量の，他の人びとの土地の粗生産物を自分のところにひきよせる」。

ここでスミスは2点を指摘している。最初の論点は，農業国よりも貿易国と製造業国の方が収入が大きいということである。この議論に含意されているのは，農業よりも製造業の成長率が高いこと，さらにその製造品の輸出による市場の拡大によって，その国の発展が一層加速されるということであろう。農業と製造業の経済成長上の格差については，次の②で触れたい。貿易と製造業のおかげで必要とする生活資料を，その全量さえも輸入によってカバーできるということが，いま1つの論点である。ただしこのように農産物の輸入が可能であるためには，貿易収支上のマイナスを補う製造品の輸出がなければならない。これがこの議論の裏面で含意されている前提的条件といってよい。

農業生産力の上昇によって経済的「離陸」と工業の発展が実現したとしよう。その結果として製造品の輸出が増大すれば，その増大に応じて自国農業への依存を軽減することが可能になる。実際に，今日OECD加盟国の中で日本や韓国の食糧自給率は40％程度にすぎない。しかしこれは際立って低いケースであって，アメリカやフランスのように100％を大

きく超える自給率の国をはじめ、多くの先進国でも70〜80％の自給率は保たれている。これらの国でも、自国農業への依存をもっと軽減しようと思えばできないわけではない。しかし食糧安全保障や環境保護などの観点から、手厚い補助金による国内農業への保護政策によって、そうした可能性を政策的に斥けているのである。自国農業への依存度の軽減が可能であるということと、それが望ましいかどうかということとは、2つの異なる問題なのである。これは19世紀初頭のイギリスにおける穀物法論争でも論議された問題であって、論争を代表する2人、一方のリカードが安価な外国穀物の自由な輸入が国内製造業の一層の発展を可能にすると主張したのに対し、他方のマルサスが食糧安全保障と農工均衡を望ましいとする立場から、穀物の輸入制限政策を主張したことはよく知られている。歴史を逆上るかつての論争のもつ今日的問題といってもよい。

　今日グローバリゼーションが急速に進み、資本は自由に国境を越える。これが発展途上国における経済的「離陸」の問題に、新しい側面を浮かび上がらせることになっている。つまり工業自立化の前提としての農業生産力の発展をまたずに、外国資本によって工業化が進められるという側面である。もちろん工業部門に従事する労働者の食糧は確保されなければならないが、国内農業がそれを十分に供給できないとしても、いわば移植された工業の生産物が輸出されれば、食糧品の輸入が可能となり国内農業の供給不足をカバーできることにもなる。それは同じ国内農業への依存の軽減可能性ではありながら、上記先進工業国の場合とは別のケースである。最近の

アジアの経済状況には，同じ外国資本主導，輸出主導型の工業化でありながら，中国やタイなどで見られたような農業生産力の一定の発展を基礎とした場合とは違って，もっぱら外国資本とその製品輸出への依存を志向する傾向も顕著にみられる。依然農業が基幹産業である国で，その農業生産力を高めないまま，このように外国資本とその製品輸出に強度に依存するとすれば，その経済構造は極めて脆弱なものといわなければならない。例えば，外国資本が賃金問題や社会不安などを理由に，資本を他の発展途上国に移したとすれば，その経済構造の弱点は一気に露呈せざるをえないであろう。

　さて，貿易と製造業による自国農業への依存度の低下というスミスの想定するような状態になれば，農業が全産業の自然的基礎であるという命題は，意味を失うのであろうか。発展途上国の場合，歪みと弱点の少ない工業化を実現するためには農業生産力の発展が，依然重要な役割をもつという点に変わりはない。しかし経済先進国ではどうか。ただそこでも，仮に自国農業への依存度の軽減が可能となったとしても——上述のように，1部の国以外では農産物の輸入依存度の上昇は政策的に斥けられているのであるが——それは1国規模で考えた場合にのみ妥当性を失うだけである。全世界的に考えれば，あるいは全世界を1国と考えれば，それは今日でも依然妥当性を失わない。全世界の農業以外の全産業の労働者を支えるのは，全世界の農業の自己部門の維持を超える余剰生産物以外にないからである。

② 農業と工業

　農業生産力の上昇が工業化の基盤をつくり，逆に工業化の進展が農業に反作用的に刺激を与えることになる。しかし工業化が確立すれば，その後の経済成長の動輪は工業が担うことになる。これには，農業と工業という両部門における労働過程とそれを取り巻く諸条件に特徴的差異があり，それが原因となって経済成長率の差が現れるからである。この点でも，スミスを手がかりにその差異について，簡単に確認しておきたい。彼は「農業の体系」を検討した第4編第9章で，次のようにいう。

　「有用労働の生産諸力の改善は，第1に，職人の能力の改善に依存し，また第2に，職人がそれを用いて仕事をする機械類の改善に依存する。ところが，農業者やいなかの労働者の労働にくらべれば，工匠や製造業者のそれはいっそう細分化しうるし，またおのおの職人の労働はいっそう多くの単純な作業に還元しうるものであるから，この労働にはこの両種の改善をはるかに高度に加えることができる。それゆえ，この点において，耕作者の階級は工匠や製造業者のそれに対し，どのような種類の長所をも，もつことができないのである」。

　スミスは，第1編第1章分業論で，「労働の生産諸力における最大の改善」は「分業の結果」であったとし，その原因として3つの事情をあげている。1つは「個々の職人の技巧の

増進」、2つは仕事を移動する場合に「失われる時間の節約」、3つが「多数の機械の発明」である。分業が、労働者を特定の仕事に集中させて技巧を増進させ、異なる仕事への移動を不要にし時間を節約できることは、容易に理解できよう。分業と機械の関係については、彼は単純な仕事への集中がそれを改善する機械を発明する契機となり、また分業による科学的知識をもつ専門家の形成が機械の発明を生みだす土壌となることを指摘している。ところがこうした生産諸力を改善させる分業が、製造業に較べ農業では困難ないし不可能である。彼は「農業に従事する労働のさまざまの部門のすべてを、完全にあますところなく分化してしまうのは不可能だということが、おそらくは農芸の労働における生産諸力の改善が、なぜ諸々の製造業のそれと必ずしもつねに歩調を合わせることができなかったか、ということの根拠であろう」という。つまり彼によれば、分業の難易こそが、生産諸力の改善の面での農業と製造業との優劣を決めるのである。

　それでは農業において分業が困難ないし不可能であるのは、どんな事情に由来するのであろうか。主要農産物である穀物を例にとろう。生きた生物体である植物を栽培するのであるから、その生育過程に応じて、播種から収穫にいたるまで利水、除草、防疫などを含め、穀種と地域の違いによって幾分の違いがあるとはいえ、さまざまな作業が必要である。その前後には耕耘、施肥、脱穀などの作業もある。これらの作業は同時期ではなく、それぞれに異なる時期に行われるのであるから、同時期の作業を分割して専業化する分業はそもそも不可能である。分業は、播種や収穫などそれぞれの作業

について、ことに生産が大規模化した場合に、一定程度可能になるにすぎない。したがってこれらの作業の効率化は、それぞれの作業の機械化によって行わざるをえない。実際次の③でみるように、18世紀のイギリスの農業革命を主導した主要因の1つが条播機の普及であったという。しかしそれは播種や収穫など一定時期の一定作業について行われるだけであるから、年中稼働している工業に較べ効率ははなはだ悪く、機械化の費用負担は重く、工業の場合のような強力な推進力に乏しい。

　農業はこうした労働過程の中身で特殊であるだけでなく、取り巻く他の自然条件に左右される度合いも大きい。水不足・干ばつ、嵐・天候不順、虫害などに影響される程度は、それらに全くあるいはごくわずかしか影響を受けない工業の比ではない。また規模拡大による生産性の向上を図っても、それには広大な農地面積が必要であるが、その拡大には、ことに肥沃で気象条件のいい適地については、耕地造成に努めたとしても、土地の有限性という自然的限界がある。労働集約的農業から資本集約的農業＝工業的農業への転換にも、それを望んだとしてもおのずと特有の制約があるのである。

　こうして成長率の点で農業は工業と「歩調を合わせる」ことができない。ただ1点留意が必要なのは、以上は使用価値＝物量視点での比較であるということである。工業での大規模生産による成長も、生産性の向上によって単位価値が逓減すれば、価値の面での成長率は使用価値の面のそれよりも低くなる。農産物の単位価値に大きい変化がないと仮定すれば、農工両者の価値量での成長率の差は、使用価値量でのそれよ

りは幾分縮まるであろうが,しかしそれを勘案しても農業特有の条件に左右されることのない工業が,必然的に経済成長の面では動輪の役割を担うことになる。

ただしこうした工業化の役割も,歴史的に変化する。重化学工業化のような工業化のいわば青年期ともいうべき旺盛な活力に満ちた時期から,経済が成熟しサービス産業化や金融経済化が進むと,工業化の経済成長に果たす役割も逓減する。それが今日の経済先進国の実情でもある。もっと言えば,第3章で言及したように,経済先進国では工業化を動輪とする経済成長のやみくもな追求自体の当否が,ことに近年深刻に問われ始めていることを,強く銘記しなければならない。

③ 農業革命

工業化の進展には,農業生産性の上昇が不可欠の前提であるとすれば,産業革命の前に農業革命が不可欠であるということになる。史上,農業革命と呼ばれる農業生産力の急激な上昇の時期が何度かあったが,ここでは産業革命を媒介とする工業化の前提としての農業革命が問題である。それは例えば,18世紀のイギリスにおける農業革命である。

飯沼二郎によれば,イギリスの農業は中世以来,三圃式農法が開放耕地制の下で行われていた。三圃式農法とは,土地生産性が低いため,耕地を小麦-大麦-休閑地に分け,3年に1度の休閑地の間に耕地に深耕を行って土壌を改良する方式で,開放耕地制とは,村落全体の耕作が共同的規約に従って行われ,農作業を各人勝手に行うことを許されない制度であった。しかし18世紀になって,輪栽式農法(穀物,牧草,

根菜類の輪培）が登場して地力が高まり，これに世紀後半の条播機の発明が結びついて，農業生産性が上昇し，この農法は急速にイギリスのみならずヨーロッパ，アメリカまで拡がっていったという。しかしこの農法は開放耕地制を破壊し，散在する耕地を交換・分合し，他からの干渉を排除するエンクロージャーによって実現され，この農業革命によって経済的「離陸」の条件が調えられたのであった（大阪市立大学経済研究所編『経済学辞典』岩波書店，参照）。農法の改善が土地利用制度の変革と結びついていたことに留意が必要であろう。農業生産力の改善と土地利用制度の変革との結びつきという論点は，今日でも妥当する。

　私はかつて農業中心の伝統的経済構造から工業を推進力とする経済的「離陸」のためには，逆説的だが何よりも先ず農業生産性を高める農業革命が不可欠であることを，ケネー，スミスを手がかりに論じ，そのことが東アジア諸国（韓国，台湾，タイ，中国）のここ数10年の経済発展の始発時に共通に検証できることを指摘し，また強権的な農業集団化による農業からの収奪が経済発展と政治構造に歪みをもたらした旧ソ連の歴史的経験が反面教師の意味を持つことを，それを批判するブハーリンの主張に触れながら指摘したことがある（「経済的「離陸」の前提条件と東アジアの経験」〔愛知大学東アジア研究会編『シュムペターと東アジア経済のダイナミズム』創土社，所収〕，拙著『経済学の古典と現代』梓出版社，に再録）。その際，農業革命の先行的不可欠性をスミスを中心に論じ，チュルゴーの検討を怠っていたのは，私の失態であったが，その点はすでに先著『再考』で補った。ここでは東アジア諸国の

実例について、小島麗逸(『現代中国の経済』岩波新書)を援用しつつ中国の場合を手短かに再説しておきたい。

改革開放が実施された1979年以来、大陸中国は、外資導入に積極的な輸出志向型工業化へと発展戦略を転換させつつ、急速な経済成長を実現した。小島によれば、改革開放政策は3期に分けられる。第1期は1979年から84年までで、人民公社の崩壊と農業生産の大発展期であり、計画の枠内で市場が容認された時期である。第2期は85年から92年までで、改革の中心が都市に移され、国営企業を独立採算制の投資主体に変えていくことが模索された。計画と市場との結合とまとめられる時期である。第3期は92年以降で、国営企業を国有企業に変え、株式会社化の条件を作ることに主眼がおかれた。市場が計画よりも大きな比重を占め、社会主義市場経済と規定される時期である。この間達成された成果は、第1に外国技術の導入と消化を恒常化したこと、第2に長期にわたって悩み続けた商品化食糧不足を解決したことである。成果の第3は貿易赤字を黒字にして外貨不足の関門を克服し、第4は生活水準の大幅な向上を実現したことである。

2000年代に入っても、中国の高度成長は続き、今やアメリカに次ぐ世界第2の経済大国となったことは周知の通りである。しかし高度成長に由来する農工(農村と都市)格差、土地をめぐる地方政府と農民の対立、環境問題の深刻化などの多くの問題を抱えこむことになっている。これらの問題については、留意するにとどめざるをえない。ここで注目したいのは、本稿のテーマに関連する問題、つまり農業生産の大発展期とされる第1期とこの農業発展による商品化食糧の不足

の解決という第2の成果についてである。商品化食糧は、農村で消費される以上の食糧で、都市人口の扶養力を示し、その量いかんが都市化の大きさを決める。改革開放の農村政策では、食糧の自由市場での販売を容認する強制供出制の緩和（→廃止）と土地使用権を個人に付与する農家請負制とがとられ、その結果25年にわたって農村を支配してきた人民公社制度がその生命を終えた。人民公社の崩壊とともに個人農の生産意欲が高まり、また肥料の増投により1980年から連年の増産となった。食糧生産が最も伸びたのは80年代前半であったが、これにより人びとは胃の腑を満たすことが可能となった。農業生産力の向上をもたらした農村改革と経済発展との関係について、小島は次のような適切な指摘をしている。

「経済発展の初期に遭遇する関門はいくつかある。商品化食糧の不足、外貨の不足、外国技術の導入の困難などがこれに入る。商品化食糧は農村から都市へ売り出された食糧であるから、外国貿易が存在しない閉鎖経済を想定した場合、理論的には農民の食糧生産性によって決まる。いくら食糧増産が行われても農村で消費しつくせば、都市人口は維持することができなくなる。都市労働力の数が工業やその他の非農業産業の大きさを決めるから、初期の経済発展の規模を決める」。

小島によれば、中国では「工業や非農業産業」の始動を支えるに足る農業生産力の発展が、改革開放の第1期に達成され、その上で外資導入と輸出主導型の工業化が志向されたの

であるが,「離陸」をめざして発展途上にある国々にとって,都市に食糧や原材料を提供しうるこのような農業革命の必要性は,共通の重要課題といってよい。それだけではない。今日世界には10億を超える飢餓人口が存在するといわれるが,その殆どは発展途上国に分布している。喫緊の課題であるこの飢餓状態の解消という課題を重ねて考えれば,農業生産力の上昇の必要性は,一層深刻な意味をもつというべきであろう。

　留意すべきは,ヨーロッパにおける農業革命の場合と同様に,中国の場合も先のような農業生産力の向上が,人民公社制度の解体という土地利用制度の改革と結びついていた点である。土地利用制度の改革は,発展途上国のそれぞれで,歴史的・地理的条件の相違にしたがって異なるだけでなく,またそれぞれの国での改革構想も立場の相違によって異なるであろう。実際,アフリカ等では土地が国有であることを利用して農民が農地から強制移住させられ,その後に大規模な外国資本による輸出目的のアグリビジネスが展開されるという傾向が進む一方,これに抗して南米等では土地への権利と食糧主権の原則を掲げて,農民的農業経営の質を高めて,その拡充を目指す運動も展開されている。いかなる土地利用制度が望ましいのであろうか。こうした点に立ち入って検討することは,ここでは割愛せざるをえない。ただ明白なのは,発展途上国にとって,工業を含む全産業の自然的基礎であるだけでなく,あらゆる人間生活の自然的基礎でもある農業生産力の発展＝農業革命が,それと連接する土地利用制度の改革とともに,避けることの出来ない重要課題であるということであろう。

第5章　マルクスからJ.S.ミルへ
——杉原四郎の研究視座の転換——

はじめに

　経済学史・経済思想史の世界に大きな足跡を残した杉原四郎の業績は，K.マルクス，J.S.ミルおよび河上肇の研究を3本の柱として形作られている。もちろん関連する分野に周到な目配りがなされている。しかしこの3者の研究が杉原の研究建造物を支える主柱であることは，彼自身が自らの研究業績を取捨して編んだ『杉原四郎著作集』（藤原書店）の〔Ⅰ〕が「経済の本質と労働——マルクス研究——」であり，〔Ⅱ〕が「自由と進歩—— J.S.ミル研究——」であり，〔Ⅲ〕が「学問と人間——河上肇研究——」と題されている点に現れている。〔Ⅳ〕は「思想史と書誌」を副題として，杉原の研究の大きな特色の1つである精密な書誌学的研究に当てられていたが，おそらく編纂途上での死去のためと思われるが，残念ながら未刊のままである。

　この3者のうち，河上肇については触れるだけの準備がないので，ここではマルクスとミルについての杉原の研究を取り上げる。しかも問題を限定して，この著作のテーマとの関連でミルとマルクスとの関係に的を絞り，その中でも主として両者の「改良と革命」の思想とその延長上にある人類史的

展望およびミル利潤論をめぐる両者の関係の検討に焦点を当てることにする。そこに本章の主題である両者にたいする研究視座の転換が象徴的に現れているからである。もちろんこの限定された問題を問う場合でも，杉原による両者それぞれの経済学・社会思想そのものの把握いかんは不可欠な前提となるが，ここではそれはこの問題を検討するに必要な限りで取り上げるに止めたい。

このミル・マルクス関係が主として検討されているのは，『著作集』〔Ⅱ〕においてである。結論を先取りするきらいがあるが，この巻の最後に置かれた「解説」の中で，両者にたいする研究視座の変化が，取り上げるテーマの変化とあわせ，杉原自身の言葉で記されている。そのポイントを紹介しておこう。「1970年代初頭までは主としてマルクス関係の著書を公表してきた。この時期の私の研究には，まだマルクスからミルを見る面に重点があった。……ミルからマルクスを見るという方向が弱く，マルクスが主役でミルはその脇役の地位に止まっていた」。しかしトロント大学による『ミル著作集』の完成とそれを記念するミル父子記念国際学会(1973年)への参加などを契機に，研究テーマも社会主義についての「革命と改良」というテーマの延長上に，人類の歴史一般における「自由と進歩」というテーマに深化・拡大されていったという経緯をへて，ミル・マルクス関係を「マルクスではなくミルを主軸に考える」こと，それにより資本主義・社会主義に共通する深刻な諸問題にアプローチする道が示唆されたことを語り，最後に「ミルからマルクスを照射する」意義に触れて，結論的に次のようにいわれている。少々長いが杉原の問

題意識を鮮明に記している点で重要なので引用しておこう。

「マルクスの労働概念のなかに, 労働時間の短縮という量的疎外からの自由と, 分業や単純労働化による質的疎外の克服の双方が含まれていたことは, 第 1 巻で論じたとおりであるが, 資本主義的疎外を克服して,「必然の王国」から「自由の王国」へと人類が向かっていくためには, 単なる労働生産力の向上に止まらず, どうしてもミルの「自由論」に展開されているような, 個性を持った多くの個人が自由に幸福を追求できる社会が到来しなければならない。そして, その個人もまた, 自然の制約から自由ではない「人間的自然」である以上, 人間に積極的開拓者的行動を期待するには, 社会の進歩の仕方は, 漸進的, 分権的, 競争的であることが望ましい。両者の人間観に決定的な距離がないとすれば, こうした発想によって, マルクスの十分展開しなかった領域を発展させることを考えてもよいように思われる。「ミル・マルクス問題」は, ……ある意味では 21 世紀を代表することになる基本的な 2 つの思想のエッセンスを比較することであり, その違いと共通性を指摘することは, 人類が資本主義をこえた新しい社会への道を歩むうえで貴重な指針をしめすことに役立つからである。その意味でⅢ「ミル・マルクス問題」(著作集〔Ⅱ〕のうちのⅢ―引用者) は, 第 1 巻の問題提起をミルの側からうけとめて両者を対比する比較思想史的研究の意義をのべたという点で, 本著作集全体の集約点といってもよいであろう」。

杉原のミル・マルクス関係についての視座の転換を明瞭に示すものといってよい。主役と脇役の交替である。ミルの側からマルクスを見るということが，杉原の研究成果を集成した著作集全体の「集約点」だとすれば，それは彼の生涯かけた研究史の「集約点」といっても過言ではないであろう。『資本論』の基礎範疇が「人間の生活を貫通する本質的概念」である「必要労働と剰余労働」であり，それを基底においたマルクスによる「資本主義の本質と，そこに内在する基本的な問題点の指摘には，現在でも輝きを失わないものがある」(著作集〔Ⅰ〕の「解説」)という認識は堅持されている。しかしこの研究視座の転換は，「社会の進歩の仕方は，漸進的，分権的，競争的であることが望ましい」とする「社会の進歩」に関する面での杉原自身のマルクス的観点からミル的観点への思想的変化を伴っている。

　上記「解説」から伺えるのは，この転換過程の大まかな分岐の時期が1973年あたりであったことである。ただこの著作集は，著者の表現では「年代順・網羅的構成」ではなく「テーマ別・立体的構成」となっており，転換前後の所説が混在・交錯するその構成の仕方から一読しただけではこの転換過程が分かりづらい。ここではあえて構成を，大まかに転換までの時期を前半期とし，それ以後を後半期として，全体を年代順に考察することにしたい。以下ミル・マルクス関係を中心に両時期の主要業績を概観し，それを比較検討することで，杉原の視座転換の様相を，転換過程の微妙な論調の変化を含めてより具体的に追跡したいと思う。考察する杉原の論考は，ごく1部を除いてすべて著作集〔Ⅱ〕に収録されており，引

用もそこからである。

（注）大阪市立大学での筆者の学部・大学院修士課程の演習の指導教授福井孝治は，京都大学で河上肇の教えを直接うけたその「弟子」であった。福井教授の学部での最後の演習生が私たちの学年であったが，教授は定年退職直前に学長に就任し，その任期の間は修士課程の演習だけは続いたのでこの間も教えを受けた。こうした関係からすれば，私は河上の「孫弟子」になる。その河上を研究した杉原の業績＝上記全集〔Ⅲ〕に触れえないのは，この面での私の研究不足のために申し訳ない思いである。

河上と福井の親密な関係については，河上『自叙伝』からもうかがわれるし，また上記全集〔Ⅲ〕に触れられているが，河上が最もよく繙いたというカウツキー版『資本論』をその旨タイトルページに記して，エンゲルス版『資本論』全3巻とともに福井に贈ったというエピソードに最もよくあらわれている。演習の合間に河上肇とのエピソードをいくつか聞く機会があった。これも上記全集〔Ⅲ〕に記されているが，福井は旧制第八高校時代河上の『貧乏物語』に感銘して，それが機縁となって京都大学で直接河上の教えをうけることになったのであるが，実はそれに関連して大学入学前に手紙を出して何を読むべきか教えを請うたところ，返事にはアメリカの経済学者タウシッグを読みなさいとあったという。河上がまだマルクスに傾倒する以前のことであった。京都大学では河上の思想的変化についていくのに苦労したとか，対中戦争には厳しく批判的であったが，真珠湾攻撃には興奮の態であったとかの話も聞いた。福井の強い希望により死後の墓所は河上と同じ京都東山の法然院である。1度墓参したことがある。

第1節　マルクス・アゲインスト・ミル（前半期）

①　社会主義論

　杉原の著書としての処女作は，それまでの論考を集成した『ミルとマルクス』（ミネルバ書房，1957年）であるが，この著書は2部で構成されていて，第1部は「マルクス経済学の基本性格」と題され，第2部で「J.S.ミルの社会主義の問題」が取り上げられている（著作集では前者が〔Ⅰ〕に，後者が〔Ⅱ〕に収録）。ここではその第2部の第2章「マルクスによるミルの思想の批判——2つの社会主義論の対比」と第3章「晩年のミルによる社会主義の批判——遺稿「社会主義論」（1869-1873年）の吟味」の個所を検討する。

　杉原は第2章の冒頭で，ミルの思想は労資の対立がはじめて表面化した1848年革命との関連でとらえるべきこと，ミルにはスミスとリカードゥの経済学の科学的性格を維持するという問題意識があったこと，しかし結局は資本の立場を止揚できなかったことを指摘する。相対的進歩性をもちながらもブルジョア的・折衷主義的なミルの思想は，マルクスにとって当時「イデオロギー闘争の分野における最も有力な敵の1つ」であったし，現在も「革命的社会主義に対抗する諸種の「社会主義」……にとっての有力な1想源」という意味をもっている点で重要と見られている。こうした総括的評価の上で，1840年代から70年代まで年代順にマルクスのミル批判が検討される。ここでは「マルクスのミル経済学全体に対する評価」が「ほぼ定まった」とされる50年代を中心に見て

いこう。

　次の3点が重要とされる。1つは分配は歴史的に多様であるが生産は歴史から独立した永遠の自然法則と見るミルの生産分配峻別論である。「生産を永遠の真理として展開し，歴史を分配の領域に封じ込める」ことの実際的意図は，「ブルジョア的諸関係」を「社会一般のくつがえしがたい自然法則」としてこっそりおしこめることにあるというマルクスの見方が肯定的に紹介されるとともに，社会主義は分配を中心とするかのように説明する俗流社会主義はミル的な考えに影響されたものと見られている。生産分配峻別論にこっそりおしこめられているというミルの実際的意図についてのマルクスの批判の問題点については，本書第1章を参照されたい。

　2つはミルが「一方では小市民的ないし地主的反動」にはくみしなかったが，「他方では革命的プロレタリアートの立場を理解しえなかった」という点である。マルクスは50年代に経済学の理論的研究に没頭しながらも，イギリス資本主義の現状分析を通じて恐慌と革命を準備する客観的・主体的諸条件の発展を熱心に探求しており，イギリスの労働者の状態や労働運動の諸相にも深い関心を示していた。それを通してイギリスの労働者には，自分自身の地位に対するはっきりした自覚，数の上での優越，困難な闘争の経験等で他国にみられない進歩的性格があると同時に，イギリスの国際的地位から労働貴族が発生しブルジョア的改良主義が浸透するという2面性のあることが正確に把握されたとされる。それによって窮乏化法則を否認し10時間運動を軽視するかに見えるミルの労働者観の意義と限界も正当に評価されえたと見られてい

る。

　3つはアジアの問題に対するスタンスの違いである。マルクスは太平天国やセポイの叛乱を世界市場の形成による旧東洋社会の崩壊の結果としてとらえ，アジアの民衆がヨーロッパの反動と安定をうちやぶる革命的主体として世界史の舞台に登場してきているものとして，先進支配国の労働運動と後進従属国の独立運動との関連という見地から分析している。これに対してミルも多年東インド会社に勤務し，アジアに強い関心をもってはいたが，それはウェイクフィールド流の後進国開発論の立場からの，イギリス的経済体制を新しい歴史の段階においていかに改良し維持していくべきかという観点からの所論であって，マルクスの問題意識とは根本的に異なり，この点に両者の思想体系の本質が現れており，「結局は西欧市民社会の立場」を脱しえなかったというミルの限界が指摘されている。

　60年代に入ると客観情勢が新しい段階に入って，ミルもマルクスもともに活発な多面的活動を再開するが，杉原は「前者は下からのラディカルな変革をおさえるために旧体制の支配力をヨリ精密・高級なものに改良せんとする優秀な思想的選手として，後者はプロレタリアートの国際的組織を通じイギリスを拠点とする社会主義的世界革命を準備する労働運動の中核的指導者として」であったと位置づける。第1インター（1864年創立）にはマルクスとともにミルの友人たちも加わっていたが，アメリカの奴隷解放，イギリスの選挙法改正にはたがいに協調し，普仏戦争までは協同歩調をとりえたが，パリ・コミューンを巡って対立し，両勢力は袂を分かつ。こ

の対立は「2つの社会主義の本質を照明する」ものと見られている。杉原の共感がどちらの社会主義にあったかは，あらためて問うまでもない。

　杉原は次にミルの死後公表された「社会主義論」(1879年)を検討する。これはミルが晩年書き残しておいた未完の草稿のいくつかを，夫人の忘れ形見で彼の良きアシスタントであったヘレン・テイラーが，その公表に躊躇しながらも雑誌に掲載したものである。この遺稿では，社会主義への批判的論調が目立ち，社会主義的立場への移行を明言した『経済学原理』第3版 (1852年) からの後退，ないしは反社会主義への回帰という評価も少なくない。しかしシュムペーターによれば，これは書かれた部分が当時の社会主義に対する批判的検討であったためで，この草稿が完成すれば社会主義に対する「この批判を補充する肯定的部分を含んでいて，それよってこのスケッチの読者がややもすると受ける印象は逆転されたに違いない」と推測している。加えてライアンがいうように，イギリスにおける大衆の反社会主義的感情を考慮して社会主義への共感の筆致を押さえたという見方も考慮しなければならないであろう。こうした評価が無根拠ではないことは，彼の存命最後の版であり，遺稿の内容が構想された後の版である第7版でも，『原理』第3版の基本的立場は堅持されていいることからも分かる。杉原もこのように評価の分かれる事情に注意をうながしているが，判断は留保している。なおこの「社会主義論」をめぐって分岐する諸評価については，拙著『株式会社像の転回』(梓出版社) 第3章で検討している。

ご参照いただきたい。

　杉原は「社会主義論」の内容を序論から本論と順次整序し，その上でミルに批判的評価を加えている。肝要と思われる諸点をピックアップしよう。

　ミルによれば私有財産制度とそれを否定する社会主義との2つの理論の対立こそ，現代の最も重要な問題であるが，財産の所有者と非所有者がさらにそれぞれ2つのグループに分かれている。所有者の側では一切の改革を許さない保守派と財産への批判に耳を傾ける良識派とに，非所有者の側では当面の努力を改革可能と思われる目標に向ける穏健派と大規模で全面的な変革を鼓吹する革命派とにである。ミルにとって望ましいのは，良識派と穏健派との協力による漸進的改革のコースである。バクーニン派に象徴される大陸伝来の革命思想の危険性が指摘され，極端な保守派の存在は過激な革新派の温床となると見られている。杉原によれば，遺稿で目立つのはこうした革命派に対する防衛的態度のほかに，現体制に対する楽観的態度であって，一般的窮乏化や貧困と人口過剰との悪循環はもはや存在せず，激烈な現代の競争や賃労働者の労働嫌悪にともなう欠陥も，協同組合や利潤分配制などによって現体制のわくの中で克服できると主張されている。この認識にはイギリス資本主義のめざましい歩みのあとが刻印されているが，そのメダルの裏側をマルクスは『資本論』「資本の蓄積過程」で詳細に分析している。杉原は「そこまではミルの視線はとどいていない。またとどかねばこそ生じた彼の現体制へので自信あり，改良政策への熱意」であったといい，「ミルの全思想体系の特質と限界とが，ここに鋭く露呈し

ている」と考えている。

　杉原によれば，ミルが社会問題を考える際に最も重視したのは努力と報酬とが比例する分配的正義という基準であった。ミルは報酬が労働とほとんど反比例している現状を糾弾し，また「人の功罪とほとんど関係のない貧困」の存在を最大の害悪という批判者の主張に完全に同意するのであるが，それは社会主義者のいうように制度の本質自体から生じるものではなく，制度と両立しうる諸種の方策によって克服できるとみる。またミルにとってこの分配的正義は，単に分配政策にかかわるだけでなく，個々人の積極的経済活動を推進する機能をはたす点で生産とも深く関連する。私有財産制度の下では利己心を原動力として，努力と成果のつながりが密接であれば，人は新しい道を開拓し，危険をおかして当面の犠牲をはらうことも辞せぬ「企業心」を振起する。しかし社会主義の下での経済活動の原動力は「公共的精神・良心・名誉・信用など」であって，旺盛な企業心はそれが個人的利益よりも有力なっていてはじめて生れる。それは人間性の大幅な改造を前提とするが，この改造は至難の業である。ミルは社会発展の指標として，常に人間の精神的・道徳的進歩いかんを挙げるのであるが，ここでは「普通の人間性に要求するところがすくない」個人的利益を原動力とする現体制の方が，生産力の向上という点で社会主義にまさるとされている。杉原はミルが環境の変化や教育の力で人間性が大きく改造されることを認めながら，「その可能性を現実性に転化するための第1条件たる生産関係の根本的変革が具体的な問題となってくると，そのことの不可能性を論証するための究極の根拠とし

て，改造されるべき当の対象たる「普通の人間性」をもちだして」くると批判を加えている。そして「彼の社会主義論の特質，そこに集中的に表現されている彼の過渡的折衷的性格は，……これを，彼と同じ時代に同じ問題を，同様に経済学を中心とする広大な思想体系によって解決しようとしたマルクス主義との対比によってもっとも明確に浮彫することができる」と述べて考察を締めくくっている。

② 利潤起源論・利潤権利論

杉原が前半期にミルの所論で取り上げたのは，上記の社会変革に関わる諸問題以外に，経済理論分野の利潤論がある。彼はミル利潤論を，利潤起源論，利潤権利論，利潤変動論に分けて検討しているのであるが，利潤起源論は前半期に属する1959年に，利潤権利論は同じく1960年に別々の刊行物に発表され，その後この2論考は合わせて『イギリス経済思想史―― J.S.ミルを中心として――』(未來社, 1973年) に収録されている。他方利潤変動論は後半期に属する1976年に発表されている。発表時期の違いが反映してか，論調にかなりの変化が感じられるが，それは後半期の利潤変動論を取り上げる際に触れるとして，ここでは前半期の2論考に絞って杉原の議論を検討したい。上記利潤論3論考は著作集〔Ⅱ〕では，発表時期の違いはあるものの，いずれも「J.S.ミルの利潤論」として一括して収録されている。

杉原は『原理』第2編利潤論に，第4版で補足的説明として挿入された短い第5節のミルの見解について，それがリカードゥにはなかった利潤起源論を論じたものであり，利潤の

原因を流通過程にもとめる俗見をしりぞけたものであることを先ず指摘する。その上でミルは「利潤の原因」を，このような重商主義的譲渡利潤論に真正面から対立して，「労働が自らを維持するに必要であるより以上のものを生産する」点に求めていることに触れつつ，ミル利潤起源論の全体を細分して紹介し，留意すべき重要な点として次の3点をあげる。1つはここで問題となっている利潤は「個別資本にとっての特殊な利潤ではなく，社会全体にとっての一般的な利潤」であるという点である。2つは利潤の原因となる生産力を「労働の生産力としてとらえている」点であり，労働が自然に制約されながらも「基軸的な意義をあたえられている」点である。3つは利潤が総生産物から必要生産物を差引いた「利潤にくらべてヨリ広義の概念である純生産物の存在」から基礎づけられようとしている点である。第2点と関連させれば，それは剰余労働の産物となる。杉原はこのように「純生産物の存在が利潤の存在にとっての前提であり必要条件であることは事実」あるが，「十分な条件ではない」として，それが「一定の社会関係に媒介されてはじめて利潤という特定の所得範疇」となることを指摘する。ミルも資本家と労働者という異種の2つの階級があり，両者の間にある契約が成立することによってはじめて資本の利潤が成立すること認めているが，しかし杉原はこの労資関係についてのミルのとらえかたに問題があるという。

　杉原によれば，ミルは「この関係の本質を両者の自主的な契約を通じてなりたつ協同的生産関係ととらえ，それをにもとづく生産物の貢献に応じての分配が競争原理を通じておこな

われるものと考えた」という。現実にはその本質が「ゆがみをうけ，逆立ちしている場合さえある」と考えていて，「生産過程における労資の対立や分配関係における不公平は，けっきょくは労資関係そのものの廃止によってはじめて解消される」という見通しもしているのであるが，杉原はそれが先のような労資関係本質論と共存している点こそ問題だという。ミルの「社会主義」は，「経済理論的基礎づけをもつものではなく，むしろそれ以外の規範または要請にもとづいてる」のであって，それは「正義または公正」とよばれる理念であったと。このように杉原はミル利潤起源論を批判的に論評した後,『資本論』におけるマルクスのミル批判を以下のように吟味する。

取り上げられているのは『資本論』初版および第2版にはなく，仏語版につけ加えられたミル批判である。これについては，本書第1章で杉原の丹念な分析を念頭において，マルクスのいささか公正を欠く，過剰と思われる批判の問題点を指摘しているので，詳しくはそこを参照していただくとして，ここでは杉原の見解のポイントを紹介するに止めよう。

マルクスはミルの「資本が利潤をもたらす理由は，食物や衣服や原料や労働手段はそれらの生産に必要な時間よりも長時間持続するということだ」という説明に対して,「労働時間の持続をその生産物の持続と混同している」といい,「1日しかもたない物を生産する製パン業者は，20年以上長持ちする物を生産する機械製作業者と同じ利潤を自分の賃労働者から引出すことはできない」と批判する。この批判について，第1にマルクスは当のミルの文章を前後の文章からきりはなし

て解釈していると杉原はいう。ここでの所論は個別資本ないし特定の産業に関するものではなく，社会の総資本についてのもので，挙げられている４つの財貨は「年々の総生産物」を構成する具体例にすぎず，いわんとするところは総生産物のうち消費をこえてなお残る残余が利潤の基礎だという点にある。次に見るように資本にこのような利潤をもたらす原因として労働の生産力があげられているのであるが，それも社会全体の生産力であって，これが「ミルの根本的な分析視角」であるとされる。マルクスは社会総資本についていわれていることを，個別資本の問題と誤解するか，すり替えているということになる。

　第２にミルは最初に剰余を生産物の次元でとらえているが，次に労働時間の次元でとらえている。それは生産力が高ければ「労働者は彼ら自身の必需品ならびに労働用具を再生産する以外に，資本家のために労働する若干の時間をあますことができる」という言明に明らかである。杉原によれば，「剰余労働という術語はつかっていないにせよ」，これは「総労働時間から必要労働時間をさし引いた残りの剰余労働時間が，利潤を生み出す真の基礎」であるということ以外のことを主張しているとは考えられない。その上で，杉原は「利潤の源泉は剰余労働にありということを明言することは，労働の生産力がを利潤の発生原因だと宣言することより，さらにもう１歩の理論的前進である」と評価する。

　このように杉原はミル利潤起源論を弁護し，擁護する。マルクス的見地からミルを批判する前半期のスタンスにもかかわらず，ここでこのような弁護・擁護論を説いたことは，こ

の問題についてはマルクスのミル批判が，政治的対立関係に起因すると思われる，文脈を無視した過剰批判であることを，杉原としても黙過しがたかったからではないであろうか。しかしながら，最後にはその「限界」をマルクス的見地から摘出する。それはミルの「1国の総利潤は，交換が行われるか否かに係わりなく，つねに労働の生産力によって規定されている」という叙述に対して，マルクスが「この場合には，資本制生産の一般的条件たる交換すなわち売買は純粋な偶然事であって，利潤は労働力の売買なしにも相変わらず存在するのだ」という批判にかかわる。杉原は「剰余価値の創造は単なる生産過程ではなくて労働力の売買を基軸とする資本制生産過程においてのみ可能である点を見おとしている点で批判されなければならないことは，マルクスの指摘する通り」であるとして，その批判に同意している。ただ私見では，ここでのミルの主張の眼目は利潤を売買の過程にもとめる譲渡利潤説の否定にあるのであって，そこに労働力の売買を持ち込んで批判するのは，いささかこじつけに近い論難のように感じられる（この点も本書第1章を参照されたい）。ただたしかにミルの場合，「交換論の意義をせまく限定する」傾向があって，剰余が交換関係とおして利潤に転化する点が見おとされ，そのことによって「経済理論的には，剰余労働乃至剰余生産物が無媒介に利潤と直結される」ことになったという杉原の指摘はその通りであろう。それは剰余価値率と利潤率の混同につながる。

　杉原はミルは『原理』第2編利潤論の第1節で，利潤を資本

家が取得する権利＝利潤権利論を論じているが，そこに「ミル独自の特色が最も明瞭にあらわれている」といい，中でも監督賃金論に注目する。監督賃金とは総利潤から利子と保険費をさし引いて資本家が取得する，いわば経営上の煩労に対する報酬の部分である。この報酬は使用された資本量によって大きな違いが生じるので，一般の賃金が同等の労働に同等の報酬を原則としているとすれば，それとは全く異質的なものである。杉原はミルもこのことを認識しているにもかかわらず，彼がなぜこれに監督賃金という言葉をあてたのかと問い，資本家の労働がどんなに特殊で特別であっても，「一定の時間とエネルギーとを生産過程に投下したという点では，企業者としての資本家は，貸付資本家や地主とよりもむしろ賃金労働者と共通した性格をもっている」という彼の認識が，利潤の一部を賃金になぞらえさせたのではないかと推察している。このような考え方は労資対立論ではなく労資協調論につながる。杉原はすでにミル以前に監督賃金論が利潤権利論としてある程度普及していたこと，それは労働者による全生産物の収益権を主張する「労働全収益権論」に対抗して登場してきたことを指摘しながら，ミルの念頭にあったものもこの労働全収益権的思想であって，彼の利潤権利論はこれに対する反駁に理論的基礎をあたえる役割をもっていたという。

　しかしミルの利潤権利論は，単なる弁護論ではなかったと杉原はいう。1つはミルの利潤論の根底には利潤起源論でみたように，「社会的総利潤の存在を根本的にささえているものは，その社会の生産力水準のもたらした剰余であること，しかもその場合の生産力とはほかならぬ労働の生産力であり，剰

余とは剰余労働時間である」という認識がある。杉原は「ミルの理論と諸種の弁護論的利潤論との間には，まさにこの点において明白な1線が引かれなければならない」ことを強調する。2つはミルの監督賃金説が「生産力を実現する上での組織者・担当者であり，且つ生産力を発展させる上での推進者・指導者である企業者乃至経営者の努力とむすびついている」面である。ミルにとって労働過程における指揮・経営とは，ややもすれば易きにつかんとする人間の本性に抗して，危険をおかして新機軸をとり入れ，生産力を1歩発展させようとする資本家の努力を意味する。杉原はミルにとって監督賃金は，リスクをおかしても「人類の経済的条件における重要な改善に不可欠な……人間の行為を最もよく鼓舞する刺激として評価されている」という。

しかしミル監督賃金説の問題点は，まさにこの第2点にあるというのが杉原の見方である。資本主義的労働過程において指揮にあたる人は，価値増殖の担い手としてまず第1に資本関係の主宰者であり，その資格において協同労働の指導者である。杉原によれば，資本主義においては第2の機能はどこまでも第1の機能に従属する。つまり指揮監督は階級支配のための指揮監督であり，彼はこの問題をミルがどこまで認識していたのかを問う。

ミルは現在の労資関係が協同関係とは程遠い敵意と不信をはらむ対立関係におちいっている事実を認め，この矛盾を解決する唯一の途として利潤分配制と生産協同組合，究極には後者にとってかわらなければならないと見ている。杉原はこの協同組合社会では再び監督賃金説的要素が注目されてくる

という。この社会的変化は「監督賃金が,二重性を脱却して名実ともに賃金としての性格に徹底していく過程にほかならない」からである。しかし「このような推移の必然性を,ミルの利潤論,とくにその監督賃金説は,経済理論的に基礎づけているであろうか。いいかえればミルにおいて経済学と社会主義とははたして論理的な統一性をもっているであろうか」という問いが出され,その上で彼の理論には「このような統一性が欠けて」いること,それは彼には「生産関係という概念が確立していなかったからである」とされる。その含意は,「労資関係も剰余生産物をどのようにわけ合うかという分配関係乃至所得関係としてのみ見られていて,価値関係と搾取関係との統一としてなりたつ剰余価値関係という特殊な生産関係として把握されていなかった」ということである。単なる分配関係が問題である限り,「その変化は当事者の主観的な意図に依存するものとされるのも不思議ではない」し,そこに「制欲説や監督賃金説がしのびこんでくる」ことになる。漸進的な協同組合社会化という社会体制の推移についてのきわめて主観的な希望的観測もそこに原因があり,「社会体制の転換を要求する社会主義が社会の客観的運動法則を分析する経済学と有機的に結合するためには,生産関係という概念が確立されることが絶対に必要である」という,前半期を特徴づける『資本論』を念頭に置いたマルクス的視点からする批判的指摘で利潤権利論の検討が締めくくられている。

③ 改良と革命

ここで検討する「改良と革命の経済思想」は1963年『思

想』(岩波書店) に発表されたものである。ここでもマルクス的視点からミル的視点への批判が主軸となっているが，しかし論考の最後に後半期の思想的転換につながると思われる認識が記されている点に注目する必要がある。

　杉原によれば，ミルは『原理』第3版で大規模生産の実をあげながらしかも雇用関係を廃止する方途如何という問題を提起し，雇主と労働者という関係はある場合には労働者と資本家との協同組織という形態，ある場合には労働者同士のあいだの協同組織に取って代わられるという見通しを述べている。前者が利潤分配制であり後者が生産協同組合であるが，後者が最後には支配的となるものと見られている。生産協同組合運動がもっている重大な効果は，ミルによれば「相対立する利害のために闘う階級闘争から万人に共通なる利益の追求における友誼にみちた競争への人間生活の転形」や「労働の尊厳性の高揚」を内容とする「社会の道徳的革命」の達成である。この協同組合社会化は，「暴力に訴えたり掠奪を行ったりすることなしに，また現在の習慣や期待を急激に攪乱することすらなしに，民主的精神がいだく最善の抱負を現実化する一大社会変革にたどりつく」ものとして構想されている。杉原はこれを「改良の経済思想の体系化」と呼び，「社会主義の問題に対する彼の究極的な態度を示すもの」と見ている。ここでいう「改良の経済思想」とは，「資本主義の体制的変革という問題意識を共通の前提とした上で革命の経済思想とするどく対立するところの改良思想」という意味であって，「修正資本主義的な改良思想」ではないということに注意を促している。

杉原はミルの社会変革構想のポイントとして次の3点を指摘する。第1は「部分的漸進的な改革の浸透による体制的根本的変革」という点であり，第2にこのような変革のコースが，「暴力や掠奪なしに，また労働者に能力をこえた責任をおわせるような無理」をおかさなくてもよいという点であり，第3にあるべき経済体制として「中央集権的な計画経済ではなく民主的分権的な競争経済」がえがかれている点である。杉原は何よりも第1点に「ミルの現実認識のあまさ」を見る。それが前提となっている限り第2，第3点にも，「致命的な弱点」があるという。その指摘の上で以下マルクスの構想との比較を試みている。

　マルクスは彼が執筆した第1インターの創立宣言（1864年）の中で，「2つの偉大な事実」として10時間法の成立ともに協同組合工場の発達をあげ，「労働の経済学の所有の経済学に対するもっとも大きな勝利」と評価する。それは『ブリュメール18日』（1852年）における協同組合に対する消極的な評価から積極的な評価へ転換したことを意味し，杉原はその点で「ミルの態度と相通ずる側面をもつ」と考える。しかし両者の見解には「決定的に相容れない他の側面がある」のであって，それは先の創立宣言での積極的評価に続いて，しかし「協同労働は国民的規模に発達させるべきであり，したがって国家的手段によって育成されるべきである。……それゆえ政治権力の獲得が労働者階級の偉大な義務となった」と述べられている点に鮮明だとし，社会環境が私的所有制度の下にある限り「協同組合の漸進的成長を期待することは決してできない」というのがマルクスの見解であったという。こう

して「マルクスの革命の経済思想はミルの改良の経済思想と鋭く対立する」のであるが，杉原の筆致が前者への共感に傾いていることは，先に紹介した「現実認識のあまさ」というミル批判を見れば明らかである。

　しかし杉原は，この論考の最後に革命の経済思想と改良の経済思想の関係について，独自の考察をつけ加えている。彼はいう，「革命の経済思想は，それが真に革命の経済思想である以上，改良の経済思想がもっている現実認識の皮相性を克服するとともに，改良の経済思想の思想的含蓄をすべて包摂しうるものでなければならない。……国家権力の担い手の階級的交代という政治革命のみを意味するにとどまらず，土台と上部構造すべてをふくみ，社会成員の人間性の歴史的変革をともなうところの，全体としての社会＝人間革命を意味するものではなくてはならない以上，歴史上個人の自由と独立とをはじめて社会的に実現しえたブルジョア民主主義革命の思想的核心を，プロレタリア革命の経済思想は十分に包摂しなければならず，またそうすることが可能なはずだからである」と。資本主義社会の変革はブルジョア民主主義革命の思想的成果を包摂すべきだという形で，後半期にミルに共感して強調されることになる個人の自由と独立という視点が姿をあらわしている。前半期から後半期への転換の萌芽といえるかもしれない。この視点は1950年代，ハンガリー動乱に象徴される旧ソ連を始めとする「社会主義」諸国の政治的抑圧体制が明るみに出てきたことと無関係ではなかろう。こうした歴史的事情が，杉原の研究視座の転換を促す潜在的要因になっているとみるのは，無謀な推論とはいえないであろう。

第2節　マルクスからミルへ（後半期）

① 生産と分配——ミルとマルクスとの対比

　上記の表題を持つ論考は，都留重人・杉原四郎共編『経済学の現代的課題』（ミネルバ書房，1974年）に収められたものである。ミル・マルクス関係についての後半期の初期を代表する論考といってよい。ここでは前半期と同じくマルクス的視点からのミル批判と並んで，しかしそれだけではなく「両者の所説のなかの重なり合う面」をうかび上がらせ，ミルの中に「マルクスの所論を整備し充実させるための示唆」を見いだそうとする姿勢があらわれている。副題の「対比」には，これまでの「対比」とは異なるこうした姿勢が込められたものと見ることができよう。

　杉原は先ずマルクスの「ミル批判の核心」として2点をあげる。1つはミルの生産・分配峻別論を材料として分配関係の歴史性を強調する反面，生産関係の自然的性格を固執するという誤りへの批判，それと関連してミルが労賃と利潤と地代とを労働と資本と土地という生産の3要素の所有者への報酬として並列的に取り上げるといういわゆる「三位一体的定式」の誤りに陥っている点への批判である。杉原は，こうした誤りの根底には「生産関係という概念がない」こと，そのために「労資関係も剰余生産物をどのようにわけ合うかという分配関係乃至所得関係として見られ」ることになるのだと指摘する。前半期の所論の再掲ともいうべき杉原のこのミル批判については以上に止め，ここでは以下「ミルとマルクス

の交錯」という新たな論点を検討する。「交錯」とは「両者の所説のなかの重なり合う面」のことである。

　杉原によれば，マルクスは分配には生産手段や労働のような「生産能因」の分配と生産物の分配との2種の分配があって，後者は「生産過程そのもののなかにふくまれていて生産の編成を規定している」前者の帰結であることを説いている。杉原は前者を生産的分配，後者を本来的分配と呼び直し，生産手段の所有関係というかたちで表現される生産関係は，「実質的にはまさに生産的分配そのもの」ではないかという。この意味での生産関係＝生産的分配こそ，社会的総労働の社会的必要に応じた配分という経済にとっての基本的・歴史貫通的な課題を解決するものとして「生産の全性格と運動を規定する」ものだと見る。ここで杉原がいわんとしていることは，分配といってもそこには本来的分配の他に生産的分配＝生産関係が含まれているということである。その意味ではミルには「生産関係という概念がない」というこれまでの，そして寸前まで加えられていた批判に一定の修正が施されているということもできる。

　杉原は，マルクスには生産様式，生産関係，分配関係という概念があるが，生産関係という概念には労働関係と所有関係とが含まれているという。一方ミルの生産には労働関係が含まれ，分配には所有関係が含まれていて，両者は交錯していると見ている。ことにミルが私有財産制度を前提とした諸種の分配制度を論じている場合，それはマルクスの場合での所有関係としての生産関係の問題であって，「ミルの場合でも決して労働過程論と本来的分配論だけしかないのではなく，

生産関係もまた……分配論のなかで展開されている」ということになる。「両者の間の相違にもかかわらず，マルクスの所論をヨリ整備し充実させていくための示唆」がミルの所論のなかにあると評価されることになる。

こうした「示唆」のもう１つの重要な事例として杉原が強調するのは，ミルが生産論において語る「自然の吝嗇」，つまり人間の生産に対する自然の原本的な制限性の問題である。マルクスもまた「土地豊度の持続の永久的自然条件」がそこなわれることが極めて重要な問題であることを強調してはいるが，杉原の見るところ「従来のマルクス解釈においては，……ともすれば自然的条件の人間に対する原本的制約性を軽視する傾きがあったことはいなめない」。しかし，と杉原はいう，「生産力の発展が人間の発展と解放にとってもつ真の意味を追求する場合，自然条件が人間に対してもっている歴史貫通的な重みを「人間的進歩」との関連で深刻に考えているミルの生産論は，マルクスの思想を現代に生かそうとするものに重要な問題をなげかけるのではないであろうか」と。加えて杉原はいう，「ミルは，その生産論でこの「自然の吝嗇」論からの系論として人口増加の調節の必要を力説しているが，……人間による人間の再生産の問題をとりあげ，この問題は，人間にとって社会体制の如何をこえた根本的な問題であることをあきらかにした点は，マルクスの立場からも十分にかえりみられるべきものであろう」と。こうした観点が，次に見るミル停止状態論の積極的評価と結びつき，その評価を準備する役割を果たしていることは容易に推測できるであろう。

いま１つの「示唆」は，社会主義における交換と競争の関係

についてのミルのとらえ方である。交換関係はミルにおいても歴史的に規定された社会関係としてとらえられているが,「往々にして交換関係と表裏一体のものとして考えられている競争関係をこれと区別して,競争関係の方はむしろ体制の如何をこえて今後もなお長期にわたって存続すべきものとされている」。杉原はこうしたミルの所論は,「現存社会主義の現実に当面する諸問題をわれわれが考えていくうえにも,すくなからぬ示唆をあたえる」という。こうした「示唆」に導かれて準備されているのが,「解説」の中で触れられている将来社会を競争的であることが望ましいとみる「社会の進歩の仕方」にたいするマルクス的視点からミル的視点への思想的転換であるといってよい。

　この論考は少々複雑な内容になっている。最初は前半期と同じくマルクス的視点からのミルには「生産関係の概念がない」という批判である。それに続いてミルの所説のうち「示唆」的なものが3点摘出される。第1にミルの所説に生産関係の認識を見いだして前段の批判に事実上の修正を施し,その上でミルとマルクスに重なり合う部分が摘出される。しかし第2点の自然観については重なり合う点がないではないが,それよりはミル独自の視点の摘出という面が強い。第3の長期の競争関係の存続という点は,市場競争に否定的なマルクスとは異なるミル独自の視点である。一面矛盾的ともいえる面をもつこの複雑な内容は,この論考の前半期と後半期をつなぐ架橋的性格を物語るものとはいえないであろうか。

② 利潤変動論

　ミル利潤変動論を取り上げた最初の本格的論考は，玉野井芳郎・柏崎利之輔共編『近代経済学の系譜』(日本経済新聞社，1976年)に収められている。利潤起源論，利潤権利論が書かれてから16～7年が経過しているが，この間にミル・マルクス関係についての杉原の研究視座は少なからず変化している。『著作集』〔Ⅱ〕では，ミル利潤論として一括されているものの，利潤変動論からはこの視座転換の歩みが伺える。

　杉原はミルの利潤変動論のうち，論点を『原理』第4編で展開している利潤率低下論にしぼりたいという。したがってマルクスが力をさいて集中的に批判しているミルにおける「剰余価値率と利潤率の混同」とその基礎にある「V＋Mドグマ」(本書第1章参照)については直接には検討していない。利潤率低下論にしぼる理由については，この中に理論的側面ではリカードゥ学派的な色彩を保持しながらも，思想的側面では大きく離反するというミル経済学の2つの顔がよく出ており，またマルクスとの接点という点でも，興味深い重要な問題であると見るからである。

　先ず利潤率低下論が，経済動態を取り扱う『原理』第4編の中ではたす役割が論じられる。第1章から第3章までは前進的な経済的運動が「労賃，利潤，地代，価値，および価格におよぼす影響」が検討され，ついでこの経済的進歩の一般理論を踏まえて利潤率の低下傾向が第4章と第5章で論じられる。第6章と第7章では，この利潤率の低下傾向を通して経済的進歩は「停止状態」という究極点に向かっていること，

この停止状態は決して嫌悪すべきものではないことが論じられる。つまり利潤率低下論は，前進的な経済的運動の一般理論という第1の部分と，停止状態論についての新しい考え方を強くおし出した第3の部分を架橋する役割を果たしているとされる。

次に杉原は，こうした役割をもつ利潤率低下論の内容を丁寧に検討していくのであるが，利潤率低下論そのものの内容は本書第3章で大略紹介しているので，そこを参照していただくとしてここでは省略することにする。ここでは利潤率低下についてのミルの所論は，学説史，法則そのもの，阻止要因，法則の帰結の4部からなっていて，この問題について形式的にこれほど体系的な順序で論じた経済学者はミルが最初であること，マルクスの『資本論』第3部第3編の利潤率低下法則論の構成と比較すると，その形式的類似は一目瞭然であること，その意味で利潤率低下論を学説史的にたどる場合，ミルの所説が明らかに重要な一環をなしていることが指摘されていることを紹介するに止める。なお杉原は，ミルとマルクスの利潤率低下論の構成上の類似性について，バラッサがマルクスはこの問題でもミルに多くを負っていることは明らかであるのに，それを黙秘していると述べ，ブローグもそれに同調してマルクスの不公平な取り扱いを批判していることを，批評的コメントなしに紹介している。

杉原はミル利潤率低下論の内容の紹介的検討の後，マルクスのそれとの比較を試みている。低下の基本原因をともに生産過程にもとめているが，ミルが収穫逓減の法則という超歴史的な物理的法則に求めるのに対し，マルクスは生産力発展

の資本主義的表現形態としての資本の有機的構成の高度化に求めるという点で，根本的な違いがあるとする。また法則の阻止要因としてミルでは4つが，マルクスでは6つがあげられているが，一致している部分（不変資本の諸要素の低廉化と貿易の2つ，なおミルが重視する資本輸出はマルクスも阻止要因として働くことを認めているが，研究の範囲外として深入りしていない）もあるが，くいちがう部分が多いという。第3にこの法則は両者にとって資本主義社会全体の運命にかかわる重大な意義をもつものとされているが，ミルの場合は体制的破局を導くものではない（究極点としては停止状態）のに，マルクスの場合はそこに資本主義体制の内的矛盾の深化を見いだし，資本の競争の激化や周期的恐慌を拡大させながら体制そのものの破局をまねくもの（社会主義への移行）と位置づけられているという。みられるように，ここではミルとマルクスの理論的特徴が摘出され，それを併記するという叙述の仕方になっている。前半期にみられたマルクス的視点からミルを批判するという仕方は影をひそめている点に留意すべきであろう。なお，第3点について補足すれば，ミルも利潤率低下の必然的ゴールとしての停止状態をクローズアップした後，つづく第7章で労資関係を廃絶した将来像を提示していて，杉原はここにも利潤率低下論における「ミルとマルクスの1接点」を見いだしている。

③ 自由と進歩

この本節の③「自由と進歩」と次の④「自然・人間・労働」とは，『J.S.ミルと現代』（岩波新書，1980年）で論じられてい

る諸問題のうち，最も重要と思われる部分を抽出して『著作集』〔Ⅱ〕に収録したものである。『ミルとマルクス』が前半期の代表作だとすれば，上記の著書は大学での講演の原稿を骨子とした，予備知識の乏しい読者に「ミルについての基本的な情報を提供する」ことを目的としたものではあるが，ミル研究の後半期の代表作といってよい。この著書では，ミルの多面的な思想が網羅的に取り上げられ，「現代の世界で大きくクローズアップされてきた問題とかかわらせながら」，その思想の現代にとってもつ積極的・肯定的な側面が前面におし出されている印象が強い。両著書を比較すれば，杉原の研究視座の転換が，①と②でみた過程的段階を橋渡しとして，この著書に明瞭に刻印されることになっていることがわかる。杉原はミルとマルクスとの関係について，この著書では「ミルが主役で，マルクスがワキ役」であるが，マルクスを「引き立て役」としたのは，わが国ではミルよりマルクスへの関心が高いため「ミルへの関心をよび起こす」ためだとしている。しかしそれは単に主役・ワキ役の交代という形式上の問題に止まらず，ミルとマルクスの思想への少なからぬ評価の変化を伴っている。こうした事情は，同上書「あとがき」を参照いただきたい。③の検討に入ろう。

　杉原はここではミルの婦人参政権論，代議制政治論，社会主義論など取り上げると同時に，ミルにはそれらの議論に共通する基本的な思想的基準があったことを明らかにしようとする。杉原によれば，1867年国会ではじめて婦人参政権問題がとりあげられ際，婦人解放運動史上エポック・メーキングとされるその法案を提起したのがミルであったことを紹介し

つつ，ミルはその根拠として，女性の能力が決して男性に劣るものではないこと，女性であるだけで選挙への参加から排除することは正義の一般原理だけでなく，課税と代表とは共存すべきだという原理をも侵害していることなどを論じている。こうしたミルの婦人参政権についての提案の基礎には，彼があるべき政治制度を考えるにあたって，「その制度が社会のメンバーの1人1人の道徳的，知的なさまざまの望ましい性質を，どのような程度にまで促進する傾向をもっているかという点を基準としている」と杉原はいう。こうした政治思想は，婦人参政権問題だけでなく，望ましい統治形態を代議政治にもとめる政治制度論にも貫かれている。

ミルによれば，代議政治は社会の広範囲な成員のもっている知性と徳性を他のどんな統治形態よりも政府により直接に接触させ，国民の積極的・自立的な性格をのばして，国民に活力をあたえ，社会に進歩を約束するものであった。代議政治がこのような機能を発揮するには，国民の知的・道徳的水準がある程度にまで達して，政治的な判断と行動とを自主的に行うことができるという前提が必要だが，ミルは政治に参加することでその能力を1段とのばすことができ，人間として成長できると確信していた，と杉原はいう。もっともイギリス労働者の能力を全面的に肯定していたわけではなく，そのため複数投票制に同調したり，能力に応じて投票権に格差をつけるべきだと主張したり，専門家委員会による立法府の権限の制約を提案していて，それらは民主的平等思想からの1歩後退と見えはするが，杉原はそれも国民の知識と能力を向上させるという目的に政治制度を奉仕させようとするミル

の思想に由来するという。

 ミルが社会主義を評価する場合の基準もまた，それが人間の知的・道徳的進歩にどれだけプラスするかであるが，杉原はこうした進歩を促していく上でもっとも大切なことは，「その制度が，社会のメンバーの全てに，……できるだけ自由に活動し，多様な個性をのばしていゆくことを保証するとともに，そこでは個々人の努力が正当に評価され，公平に報われるような仕組みになっているかどうか」という点にあるとした上で，ミルがまさしく分配論での制度比較にあたって人間の自由を十分に保証しうるかどうか，分配の正義をどれだけ実現しているかという点にこそ力点を置いていることに同感的に言及している。このミルから汲み上げられた観点は，杉原のその後の社会認識の基本軸となっていく。

 杉原はミル社会主義論にさらに立ち入ってつぎの3点を摘出する。第1の特徴は，私有財産制度の不変性を批判する社会主義思想が提起した問題を，経済学が学問的に論ずることができるように，ミルがつくりかえたという点である。それが生産・分配2分論であるが，その分配論のなかでいわば比較制度分析の形で社会主義の諸問題が論じられることになっている。「現存制度に自分の価値基準を求める」従来の経済学にはない，新たな経済学の試みであった。第2の特徴は，ミルは恐慌とか窮乏化とかの経済的矛盾によるゆきづまりで社会主義への体制移行が必然的に生じるとは見ていない。彼が資本主義体制の根本的矛盾と考えるのは，雇う者と雇われる者という2つの階級からなるという社会の仕組みそのものであって，体制移行の理由も働く者の意識が高まればその仕組

みは人間としての生き方と両立しがたくなるという点に求められている。体制移行も人間の生き方の問題として考えられている。第3の特徴は，移行のプロセスとしては，ミルは労資の協同組織としての利潤分配制および生産協同組合の拡大によって，暴力や掠奪なしに現存の習慣や意識の急激な攪乱なしに漸進的に労資関係の廃止の方向に進んでいくと考えている。杉原はミルの体制移行論は，マルクス主義から見れば空想的社会主義の1種になるかもしれないが，「協同組合の原理による社会変革の道」から学ぶべきものがないのかどうかと，問題を投げかけている。

　杉原がミルの社会主義論の核心的特色としてあらためて確認し強調しているのは，どの制度が「人間の自由と自主性の最大限をゆるすか」という点に経済制度を比較する究極の基準がおかれていることである。杉原はここにいう自由は，職業選択の自由といった経済的自由や，政党をつくり代表を選挙したりする政治的自由だけではなく，思想や言論の自由といったより根本的な内面的・文化的自由をふくむ，いわば人間的自由のことだと解するとともに，ミルにとってその自由こそ進歩の源泉としての個性＝人間的多様性を保証するものであったという。ミルは自ら最も長い生命をもちそうだといい，実際今日でも活発な論議の対象となっいる『自由論』を著しているが，その最大のポイントは，対立する意見の一方が真理で他方が虚偽であるというのではなく，両者が真理をわけもっている「半真理」であるという場合が一般的で，一方は他方の欠けた部分をおぎなうために是非とも必要なのであるが，そのつけ加えたものも「半真理」であって，こうし

て1歩1歩真理に近づいていくことができるのであるが，そうした進歩は相反する意見の自由で活発な議論によって実現されるという点である。いま1つのポイントである自由は豊かな個性を育み，それによって進歩が促されるという点については，ミルは「永続的な進歩の源泉は自由である。なぜなら，自由によってこそ，およそ存在しているかぎりの個人と同じ数の独立した進歩の中心がありうるからである」という。このミルの主張を，杉原は資本主義国でも社会主義国でも個性の喪失というその現状に照らせば，胸をうつ訴えだと記している。

④ 自然・人間・労働

この項目の下で，杉原は「自然と人間」，「土地保有改革運動」，「比較経済体制論の源流」，「労働の問題」，「競争の問題」といった小項目を立て，それらの諸問題を，スミス，マルサス，エンゲルス，マルクス，フロイトといった思想家との関連を確かめながら，ミルの所説が「経済的見地をこえたよりひろい人間的立場」から，つまり「人間的進歩の立場」から説かれていることを論じている。ここではミルの自然観（関連して停止状態論），労働観，競争観に焦点を合わせて，杉原のミル論を瞥見することにする。そこには前半期とは明らかに異なる思想的変化が刻印されている。

杉原は，スミスには人間の自然に対する決定的な優位が労働の生産力の無限の発展によって保証されうるという考え方があったとし，それに疑問を投げかけたのがマルサスの『人口論』であって，そこでは「人口と土地の生産力との2つの

力の自然的不平等」が論じられていること，ミルはマルサス以後農業生産力がすばらしい発展をとげたことを知ったうえで，しかし人間の自然支配力には限界があるというマルサスの基本的な考え方に同調していることを指摘している。関連して杉原は，科学の進歩は無限であり，人間の自然支配力に限界はなく，人間が自由にできる生産力も無限であって，人口制限を説く必要はないとするエンゲルスにマルクスも同調していたかどうかを問い，資本主義体制を免罪する結果となるマルサス理論のイデオロギー的性格を糾弾する点では同じながら，生産力主義的，科学・技術主義的自然観では両者は異質であったとする見方を紹介しつつ，判断を留保している。

　杉原は『原理』の生産論を，生産要因論，生産性論，生産増加論に区分けし，前2者についてその内容を要約したのち，焦点を生産増加論に当てる。杉原によれば，ミルは生産増加は生産要因のそれぞれの法則の帰結であるが，労働と資本については生産の増加を妨げる障害は生じないとし，ただ土地については分量にもその生産性にも限りがあって，生産の増加に対する真の制限になっているとして，土地収穫逓減の法則を論じている。ただミルはこの法則の実現を直接・間接に阻止する相対立する傾向も取り上げている。それは農業上の知識・技術・発明の進歩や交通機関の改良・工業技術の向上や土地所有制度の改良や教育の普及などで，それが「文明の進歩」として一括されている。しかしミルにあっては，これら反作用的要因による抑制はあっても，分量に限りがある自然的要因から生じる事態から根本的に脱出することはできない，つまり法則そのものをなくしてしまうことはできないと

見られ，そこから人口制限の必要が説かれる。その必要は貿易による穀物の輸入によっても，外国への移民によっても解消されない。

　杉原は，こうしたミルの生産論の「理論的性格とその現代的意義」を問う。確認されているのは，この問題が所有関係の異なる種々の経済体制とは関係なく，歴史的な変化の底を一貫する「自然対人間の問題」であり，「文明の進歩」と「自然の吝嗇」との問題であり，この問題そのものを人間が根絶することはできないということであった。この確認の上で，杉原は人間生活が自然との物質代謝によって成り立っていること，自然的条件が労働の生産性を基本的に制約すること，とりわけマルクスも強調するように「土地の豊穣性の持続の永久的自然条件」がそこなわれれば人間生活に致命的であることを指摘しながら，「これまでのマルクス解釈では，地理的唯物論や風土史観に対して史的・弁証法的唯物論の特徴を明確化するため，あるいはマルサス的現状弁護論に対する批判に力点をおくあまり，ともすれば，人間に対する自然的条件の基本的制約性を軽視する傾向があったのではないでしょうか」といい，「かけがえのない地球」という問題が東西問題や南北問題をこえた次元でまさに文字どおりグローバルに考えられなくてはならない現在，「自然的条件が人間に対してもっている歴史貫通的な重みを，たんなる経済的進歩をこえた真に人間的な進歩との関連で考えているミルの生産論は，マルクスの思想を現代に生かそうとする場合にも，重要な示唆をあたえるものではないでしょうか」という。この見地は，先に見た「生産と分配」論文でもすでに現れていたものである

が，生産論全体の脈絡の中であらためて強調されたものであって，明らかなのはマルクスへ1歩距離置いた上でのミルへの強い共感である。

　この見地は，『原理』第4編で説かれている利潤率低下傾向の終局点としての停止状態論の評価につながる。すでに先記「生産と分配」論文において，この停止状態論に触れられているのであるが，そこではマルクスとの「対比」に力点をおいたミル理論の特徴の指摘の1環という印象が強かった。ここではその理論的特徴のもつ意義，ことに様々な現代的諸問題と関連する今日的意義を，積極的に摘出しようとする姿勢がうかがえる。

　杉原は，ミルが富と人口の停滞がけっして真の意味の進歩や改善の停止を意味するものではなく，精神的文化や道徳的社会的進歩といった人間的進歩の余地は十分にあるどころか，産業上の技術的改善も富の増大という目的のみに奉仕することをやめて，労働を短縮するという本来の効果を生むようになると主張していることを紹介しながら，この所論から次のような社会哲学をくみとるべきだという。1つはミルが，収穫逓減の法則に由来する社会の下層の生活水準を引き上げるための不可欠の手段ととしての人口制限をとりあげているが，それにとどまらずこうした経済的見地をこえた人間的立場からその必要性を力説している点である。食糧確保のために自然が開発されつくして，自然の自発的活動の余地が残されていない状態は，けっして人間に大きな満足をあたえるものではない。富と人口の無制限の増加のために地球がその楽しさの大部分を失ってしまわなければならないとすれば，「私

は後世の人々のために切望する，彼らが必要に強いられて停止状態に入るはるか以前に，みずからすすんで停止状態に入ることを」とさえミルは主張する。杉原によれば，ミルの適度人口論は，たんに経済的な意味だけではなく，より広い観点，つまり人間的進歩の見地からみたものであった。2つは産業技術の向上が労働短縮という本来的効果を生むためにおこなわれるようになると，時間的閑暇がより多く生みだされて，人々の主要な関心が「人生の美点・美質を自由に探求」することにむけられるという点である。ミルには，人間の自由に使用しうる時間と労力が，その能力の多面的な開発のために配分されてはじめて，人間的進歩が実現できることになるという考え方がよこたわっていると杉原はいう。彼はこの点では，自由に処分できる時間が人間にとって真の富であり，労働時間の短縮が人間解放の基礎条件であるとするマルクスの思想と相通ずるものがあるという。

　杉原が停止状態論を評価する論点として，以上の2点とは別に強調しておかなけれはならない点がある。停止状態論が先に「かけがえのない地球」との関連に言及されていたことに示唆的のように，それがもつ今日的意義の大きさである。ローマ・クラブの『成長の限界』にミルの停止状態論が肯定的に引用されていることに触れながら，杉原は「環境汚染や資源枯渇や人口爆発の問題がグローズアップされてきた現在，こうしたミルの所論があらためて見なおされているのは自然のことです」といい，また「人間と自然とのあるべき関係が問い直され，工業化や都市化一辺倒の近代化路線の再検討が迫られつつある現在，ミルが19世紀に半ばの時点ですでにこ

うした警告を発していたことをふりかえるとき、たんなる経済学者ではなかった思想家の見識というものを感じさせられます」という。ここには今まではなかったか、希薄だったミル停止状態論への積極的評価があり、その意義の「発見」があったといってもよい。マルクスはミル経済学について様々に論じているが、しかしこの停止状態論にはまったく触れていない。晩年の「ゴータ綱領批判」では将来の共産主義社会を「協同組合的富のあらゆる泉がいっそう豊かに湧きでるようになった社会」として描いている。その観点からすれば、停止状態論は視野の外だったというべきかもしれない。杉原とマルクスとの間に大きな思想的懸隔が生じていることが分かる。なお杉原が停止状態論と現代との関連に触れた上記の部分は、『著作集』〔Ⅱ〕には収録されていない。

　「労働の問題」と「競争の問題」は、項目を別にして論じられているが、それぞれの分量は比較的少ない。以下この2つの問題についての杉原のミル評価を順次瞥見しておきたい。
　労働の問題については、杉原はマルクスの「ゴータ綱領批判」とミルの「社会主義論」とを比較検討している。『資本論』ではマルクスは、将来社会像について「共同の諸生産手段で労働し、自分たちの多くの個人的労働力を意識的に1つの社会的労働力として支出する、自由な人間たちの連合」として簡単に触れるに止まっているが、「ゴータ綱領批判」ではかなり具体的な叙述がみられることを指摘しながら、杉原はその理論的特色として3点をあげている。1つは社会全体の富の生産と分配の仕組みが人間の視角からとりあげられてい

て，経済構造に力点がおかれてはいるものの，古い社会の母斑を身に付けている道徳や精神の問題，経済的・文化的発展に制約される権利の問題など，いわゆる「上部構造」に属する人間の活動領域をも視野に入れていることである。2つは共産主義社会が生れたばかりの第1段階とその基礎のうえに発展した第2段階にわけてとらえられ，第1段階ではまだ人間の意識や生き方が「ブルジョア的な制約を身につけている」以上，その現実を無視する政策をとることができないとされていることである。杉原はこの段階論的考察のなかに，経済の問題を人間の活動領域全体との関連で考える視野の広さがあると評価する。3つは経済体制を論評する究極の基準が労働が人間の自己形成にはたす積極的な役割いかんに置かれていることである。第1段階では人間がブルジョア的母斑を身につけているという事態に順応して労働量と分配量が直接リンクさせられているが，第2段階では労働が真に人間的活動になり，そこでは諸個人の分業への奴隷的な従属や精神労働と肉体労働との対立がなくなって，労働が生活の手段ではなく生活にまっさきに必要なこととなるとされている。必要に応じた分配もその段階で可能になる。

　このようなマルクスの主張を念頭において，杉原は次にミル「社会主義論」における将来社会像を検討している。そこではミルは分配の平等を絶対視する共産主義と能力に応じた分配を認める社会主義にわけるとともに，自立的単位を段階的に増やしていく漸進的かつ分権的な社会主義と旧体制を一挙に転覆して生産手段を中央に統一的に管理する革命的かつ集権的社会主義にわけている。これら諸社会主義論のなかで，

彼が最も親近感をもっていたのはフーリエ主義であるが，それはフーリエ主義が低度の分配的正義を原理とする漸進的・分権的社会主義であり，したがって「ふつうの人間性に注文をつけることがすくない」からであった。フーリエがとりくんだ大問題が「いかにして労働を魅力あるものにするか」であったこと，労働は宿命的に苦痛であり犠牲であるのではなく，それを魅力的に変えて真の人間の幸福をめざすものこそ社会主義だとされていること，こうしたフーリエの考え方へのミルの同感的評価に，杉原は先のマルクスの労働観と類似のものを見いだしている。

　杉原は以上のように両者の労働観の類似性を指摘しながら，その社会主義論には大きな違いがあること，マルクスでは経済や文化の制約性からする共産主義内部での漸進的移行は認められていても，ミルの主張のポイントである資本主義から社会主義に移行する過程もまた漸進的でなければならないという主張はみられないことを指摘する。その筆致から杉原の漸進的・分権的社会主義へのシンパシーが読みとれる。

　ミルとマルクスの社会主義論の大きな違いとして，杉原がいま1つ取り上げるのが競争の問題である。ミルは競争をあらゆる経済的弊害のせいにする社会主義者の攻撃を誇張または誤りだと考えている。競争に不都合な点がないわけではないが，それが独占の弊害を防止し，商品価格を低下させることを忘れている。彼らは競争の結果の半分だけをみて他の半分を見のがしているというのである。杉原はこの競争観と漸進的・分権的社会主義を尊重することとが結びついていると見ている。ミルによれば，人類には生来怠惰癖，消極的にな

ろうとする傾向，習慣の奴隷となる傾向がある。恐れなければならないのは，それによって退化を防ぎ，能力を高めるエネルギーを失ってしまうことであるが，「競争は進歩への刺激」，現在においては「必要な1刺激」となる。ミルが構想する協同組合社会主義でも，ある種の有望な新発明を採用させ，旧来の習慣を改変する煩労と不便を甘受させるのは，競争者である他の協同組織に負けるのではないかという恐れがないかぎり容易なことではないという。競争は失敗の危険をともなう開拓者的行動への刺激となる。ミルは社会主義社会でも，このような開拓者的行動者としての企業家の役割を強調している。杉原は，競争を「内なる自然の傾向に抗し，外なる自然にたちむかっていくようにさせるもっとも効果的な仕組み」とみるミル競争論に同感的であって，社会主義のもとでこの競争原理が活用されれば，それは経済の領域だけでなく，文化的・人間的な部面での進歩につながるとするミルの信念を紹介している。

⑤ 改良と革命

杉原は前半期においてミルとマルクスを対比させた「改良と革命の経済思想」を書いているが，後半期に同じテーマを簡潔に論じたのが「改良と革命——ミルとマルクス再論」(『季報・唯物論研究』第61号，1997年7月）である。前半期の論考に後半期の論考につながるものがないわけではないが，しかしこの両論考を比較しただけでも，両時期における杉原の思想的変化をともなった研究視座の転換を読みとることができる。

先ず杉原が取り上げるのは，賃労働者が体制変革にどのようにかかわっているかについてのミルとマルクスとの比較である。これまでにも触れた内容の再掲になるが，ミルには文明の進歩とともに労働者階級の政治的・経済的地位が向上し，大きな影響力をもつようになってきており，従属保護ではなく自立こそ労働者階級の望ましい社会的地位であるととみる現状認識がある。労働者の地位の向上にともなう彼らの意識にとっては，人類を雇用者と被雇用者という2つの階級に分割しておくという事態が堪えがたくなる点に，ミルは体制変動の根本的原因を見ている。一方マルクスは，10時間法をかちとり生産協同組合を発達させた労働者階級の運動を評価しながらも，「資本主義的蓄積の一般的法則」として資本主義制度の内部では労働の社会的生産力を規定するすべての方法は労働者の犠牲としておこなわれること，産業予備軍は資本の蓄積に照応する貧困の蓄積を条件づけること，こうして「一方の極での高い蓄積はその対極では，……同時に貧困・労働苦・奴隷状態・無知・野生化および道徳的堕落の蓄積である」と説く。この帰結としての「労働者階級の叛乱」が資本主義体制の変革をよびおこす。このように杉原はミルとマルクスの労働者観の差異を指摘する。

　次いで杉原は，ミルの利潤分配制と生産協同組合を通しての社会変革の構想を紹介したあと，その体制変革論で力説されている点として，この変革の道は一挙にドラスティックな権力によってではなく，多様な組織の間の競争を通じて，漸進的にふみかためられなければならないこと，経済状態の改善をめざす創造的な経営活動の担い手である企業者は厳しい

競争にさらされた体験を通してのみ育成されることをあげる。この点で「やはりミルとマルクスは本質的にことなっている」とみられている。

　この点に関連して，山中隆次の次のような所説が紹介されている。山中は，過去の社会主義の思想と実践の反省として，社会主義の未来像を描く場合，生産手段の国有と計画経済が社会主義の核心ではなく，「アソシアチオン（協同組合）的な所有にもとづく企業から成る社会＝協同組合社会が，その本来の社会主義の理念にふさわしい社会形態」であるといい，「各アソシアチオン企業は，それぞれが生産した商品が質的にも量的にも売れるかどうか，その市場機構をとおして自分たちの社会性を実現し確認する」，その結果淘汰もありうるとする。杉原はこれを強く評価していう，「私は，社会主義の本来の姿は，ここに書かれているようなものであろうという所論に共感を禁じえない。またそれはミルの主張と大筋で一致するものであろう」と。これが社会変革と社会主義像についての，杉原の長期にわたるミル・マルクス研究の到達点であったといってよい。(注)

　　（注）見られるように杉原は，協同組合社会主義にも市場社会主義にも共感的であるが，両者の関係については立ち入った考察はしていない。残された課題といってよい。Ｇ．ダンカンは，組織の内部では協同の原理，組織間は競争の原理で構成されるミル社会主義論に，原理上の矛盾を見いだしている。しかし矛盾を指摘して批判することよりも，私の関心は協同の原理と競争の原理との結合の可能性にある。組織内部では協同が主側面になるであろうが，生産性改善の推進力と

して競争も少なからぬ役割をもつであろう。組織間では競争が主側面になるであろうが，協同を基礎にした，または協同を織り込んだ競争という関係も不可能というわけではない。たとえば基本技術やノウハウを共有した企業のネットワークを基盤に，各企業が異なる分野に特化して競い，「パッケージングバレー」として世界の生産拠点になっているイタリア・ボローニャにおける包装機械産業は，その1例とみることができる。社会主義であればなおのこと、協同と競争の結合がどの程度，どのような形態で可能かが模索されなければならない。範囲の広狭，程度の強弱はあるにせよ，可能性は小さくない筈である。

おわりに——「ミル・マルクス問題」——

杉原は「ミル・マルクス問題の提起」(『ミル・マルクス・エンゲルス』世界書院, 1999年)のなかで，自らの研究史を回顧しながら，最初の著作『ミルとマルクス』を刊行した時は，まだ内外ともにこの2人をテーマとした単行本は1冊も出ていなかったこと，ただ当時は2人の対比といっても社会主義論の対比にとどまったが，その後対比の領域・テーマを広げて行って，利潤論，自由論，生産協同組合論，停止状態論などを取り上げたこと，これら諸問題の比較検討は『ミルとマルクス』とは逆にミルを主役，マルクスを脇役として考察したことを記している。このようなミルとマルクスの思想的対比については，2人の思想に共通する側面，響き合う側面が存在し，現代思想に2人をともに生かすことができるのではないか，とその意義を説いている。杉原は2人の思想的対比いかんを論じることを「ミル・マルクス問題」と名づける。

ただ杉原のいう「ミル・マルクス問題」には，たんなる対比とは別の含意があるように思われる。2人の思想の対比といっても，杉原の場合前半期ではマルクスによってミルを批判する点に力点がおかれていた。後半期に入って，それぞれの思想的特徴を併記する傾きのある過渡をへて，主役・脇役の交代が示唆するように，マルクスよりもミルの思想に共感し，その思想の積極的側面を浮かび上がらせることに眼目がおかれている。それはミル・マルクス関係についての旧来の見方の見直し，2人の思想への評価の変化をともなっている。それは自らの思想そのものの変化でもあった。杉原は1990年代に入ってわが国の学界でのミル研究の動向をみれば，自分と同様な問題意識が共有される傾向が強まっているとして，いくつかの著作を紹介している。その紹介も，たんに2人の思想的対比をテーマとしている点というよりは，ミルの思想に積極的な評価がなされている点に着目されてのことである。四野宮三郎については商品経済の機能的側面がマルクスでは十分評価されなかったのに，ミルでは逆であるとして彼の体制変革思想に積極的評価があたえられている点に，馬渡尚憲についてはミル社会主義を「市場社会主義の原型」と位置づけ，種々の制度が市場体制の中で競争的に共存しながら徐々に新体制が成立するというミルの展望を積極的に評価している点に，私については2つのアソシエーションの形成を媒介にして自己統治を核とする社会変革構想を記した『原理』「将来章」が，終始度外視されていることがマルクスのミル批判に歪みをあたえていると指摘した点に，それぞれ紹介のポイントがある。杉原は「ミル・マルクス問題の一考察」(『社会

思想史研究』第24号，2000年）でも，恐慌論や利潤率低下論における2人の異同に触れた後，利潤論を例にとり，マルクスによるミル経済学の俗流化という手厳しい批判には，ミルの思想を超越的でなく内在的に見ていくと種々の問題点が出てくることを指摘している。杉原のいう「ミル・マルクス問題」とは，事実上2人の思想的評価の見直しの問題であったといってよい。

　杉原の研究視座の転換には，研究生活を送った20世紀後半の歴史的現実が深く関連していると思われる。「社会の進歩の仕方は，漸進的，分権的，競争的であることが望ましい」という，長い研究過程をへて下された杉原の判断には，それと対極にあった旧ソ連をはじめとするいわゆる「社会主義諸国」の歴史と現状とが念頭におかれていたことは容易に推測できる。また自由こそ個性と進歩の源泉という，同じく後半期に強調されることになるミルの所説は，「社会主義諸国」の政治的強権体制はいうにおよばず，資本主義諸国におけるマス・デモクラシーの現状への批判的問題意識に由来するといってもよい。私にとってことに重要と思われるミル停止状態論に対する杉原の着目とその今日的意義の「発見」は，杉原自身が記しているように「環境汚染や資源枯渇や人口爆発」が深刻化し，「工業化や都市化一辺倒の近代化路線の再検討」がせまられている現状に触発されてのことであった。杉原にとって，それは東西問題や南北問題をこえるような地球的問題であった。

　思想と現実とはたえず交錯する。人は歴史的現実と向き合

いそれと格闘しながら,自らの思想を紡ぎだす。歴史の流れの安易な追認をよしとしないとすれば,現実を凝視し,それを評価し,それに照らして自らの思想的出発点や思想的内容に真摯に再点検を加え,新たな観点をつむぎ出さなければならない。杉原の研究の軌跡は,そのことを物語っているように思われる。

書 評

小幡道昭『価値論批判』（弘文堂，2013年）

　小幡道昭氏は営々育てた作物の収穫の時期に入った感がある。最近これまでの研究業績を集成する論文集が，相次いで上梓された。1つは商品・貨幣・資本という経済学の基礎範疇に独自の考察を試みた本書であり，他の1つが宇野経済学方法論を批判的に検討した『マルクス経済学方法論批判』（御茶の水書房，2012年）である。この2著に先だって，それまでの研究業績を織り込んだテキスト『経済原論』（東京大学出版会，2009年）も刊行されている。これらの著作を特徴づけるのは，小幡氏自身の表現を借りれば「変容論的アプローチ」であり，本書の第I部でも同じ研究視角が貫かれている。

　本書は2部で構成されている。第I部は「価値の内在性」と題され，第1章「種の属性としての価値」，第2章「貨幣の多態性」，第3章「資本の価値増殖」の3章から成る。第II部は「市場の変容」と題され，第4章「市場の無規律性」，第5章「商品流通の構造と資本の一般的定式」，第6章「資本の一般的定式と産業資本」という，同じく3章から構成されている。第1章に書き下ろしの部分を含むとはいえ，基本的に既出論文を収録した論文集である。しかし同じ既出論文ではあるが，第I部と第II部とでは書かれた時期が異なる。第I部は今世紀に入ってからの近年の諸論文であるが，第II部は1970～80年代の諸論文である。それぞれが小幡氏のいう

「二度の洞窟探検」の際の成果である．

　小幡氏は本書の「はしがき」にいう，研究生活初期の最初の洞窟探検では，宇野弘蔵とその影響下の研究者たちが切り拓いたルートをたどって洞窟の奥までいくと，見えてきたのが市場のもつ可換的な構造と全体的な変容を生みだすという特性であった，と．これに対し，上記先達たちが『資本論』冒頭商品の分析を批判したときに封じ込めた割れ目から，1段地下深くもぐり込んだ2度目の洞窟探検では，金属貨幣と信用貨幣が石筍となってつながり，貨幣価値の不可知性から資本が生成するといった不思議な現象を観察できたという．ここで示唆されている2度の洞窟探検の中身は以下で見ていくとして，明白なのは最初の理論的出発点であった宇野原理論に対するスタンスの変化であろう．

　最初の洞窟探検の成果であり，第Ⅱ部の中心をなす第5～6章については，小幡氏の処女作『価値論の展開』（東京大学出版会，1988年）の「あとがき」に同氏自身による解説があり，この探検の際の問題意識やその成果の概要については，評者が論じるよりも，囲碁などでいういわばこの「自戦解説」に委ねるのが適当であろう．

　小幡氏の最初の研究テーマは「貨幣の資本への転化」であり，「その際，出発点となったのは，冒頭の商品論において価値実体規定をひとまず捨象し，いわゆる価値形態論の純化を図るという宇野弘蔵氏の方法であった」という．この研究結果について，小幡氏は「次第に明らかになってきたのは，社会的再生産からの作用を消極化し，市場そのもののもつ特性を抽出するならば，そこにはそれ自身の内部に価格の変動と分

散を生みだす特性が観察されうるという点であった。形態論を拡充する意義は，市場の無規律性の理論化にあるというのがここでの結論だった」といい，宇野氏の価値尺度論も「反復によって価格の変動や分散が次第にある水準に収斂するという意味ではなく，むしろ絶えず反対方向への行き過ぎを伴う再調整の過程のなかで，しかしその揺れが一定の幅に収まるという状態を指しているのではないかと思われてきた」と記す。

　このような認識から当時の研究状況をみると，2つの支配的な捉え方に疑問が生じてきたという。1つは「流通論」の範囲で資本の発生を問題とすれば，その増殖は複数の流通圏の間の価格差によるほかないという「世界資本主義」的考え方である。第2は「流通論」はあくまでも社会的再生産と没交渉的な状態にある市場を扱うのだという考え方である。小幡氏は前者に対しては「市場はその絶えざる変動のうちに，自己の内部から安く買って高くうるという行動の場を生成してゆくのだ」という立場を対置し，後者に対しては「市場そのものが，その無規律性の故に，絶えず商品経済的な利得追求の行動に活力を与えるとすれば，こうした市場は，より安く買う場を求めて止まぬ資本の運動に導かれて，隣接する生産の領域に浸透しようとする内圧を有する」という立場，つまり「生産と流通の臨海面に加わる浸透圧が積極的に問題にされなくてはならない」という立場を対置する。同じ宇野流通論の捉え方を出発点としながら，それを継承する流れの中の支配的な傾向とは，小幡氏は当初より独自の立場をとっていたことが分かる。このような最初の探検の結果については

以上に止め，この基本認識の上で試みられた第2次探検に的を絞ることにする。

　先ずは，商品・貨幣・資本という基礎範疇を，今あらためて再検討するその問題意識である。小幡氏は，近年のグローバリズムや経済の「金融化」のもとで大きく変容しつつある貨幣や資本の変幻無碍な現象，この多彩な市場の変容を射程に収めうる基本原理を探り出すこと，つまり「変容の原理そのものに迫る必要がある」という。この問題意識の裏側には，これまでの原理論では自己の射程に収まらない新たな諸現象に直面するたびに，それを商品経済外的な不純な要因によるものと見なし，現状分析に丸投げしてきたという強い不満がある。そのような問題意識からなる第Ⅰ部の諸論文のポイントを順次見ていこう。

　第1章は商品価値，なかんずく価値表現の問題である。小幡氏は商品論の冒頭で商品を分析して価値実体として抽象的人間労働を析出する『資本論』の論理を斥け，価値実体とその大きさがわかっているとすれば，なぜ，それをもう一度「表現」する必要があるのかとして，価値形態を論じる意義に疑問を投げかける。同氏は商品に内在する「交換可能性」という性質を価値と呼び，その価値量を表現するのが価値形態論の中心問題だとし，『資本論』の質量分離した論理展開を厳しく批判する。「量的な表現を捨象した同質性の問題」ではなく，価値（交換可能性）をどのように量的に表現するか，つまり「量的関係」「性質の量化」こそが価値表現の核心だというのである。この価値表現の量的関係に社会的な客観性が生じるのは，市場の内部でくりかえし再評価されて形成され

る相互関係によるものとされる。こうして「一定の幅の価格帯」が形成される。

　小幡氏の議論を特色づけるいま1つの側面は,「種の属性としての価値」という観点である。商品が〈個体〉として持つ価格に対して, 同種の商品は同じ価値をもつというのがその含意である。この共通の価値をめぐって, すぐ売れる保証のない複数の売り手間に売りを巡って競合 (相互の牽引と反発) が生じる。個別的な販売期間は不確定となり, 価格はばらつく。価値をこのように同種商品の共通性の面で捉えようとする強い志向と関係するのであろうが, 市場の無規律性を強調する同氏の市場像のなかで, やや過大視と思われるほど重視されているのがこの同種商品の「命懸けの飛躍」をめぐる競争である。

　第2章の貨幣論では, 信用貨幣の金属貨幣との並行的形成が説かれる。つまり信用貨幣は, 社会的再生産を基礎に産業資本の運動のうちに発生するという従来の通説を斥けて, 商品流通の基本構造のうちに, それを生みだす「営力」が内在するとみられているのである。この結論は『資本論』の流通手段論, 支払手段論, 価値表現論の詳細な批判の中から導出されているが, この部分は割愛して小幡氏によるその根拠づけに焦点を絞ろう。

　小幡氏は商品流通では, ①売ってから買う, 売れなければ買えないというのが正則であること, ②個々の売り手には, いつ売れるかが偶然的なものとして現れざるえないこと, そこに深刻な価値実現=「命懸けの飛躍」の問題が発生することを指摘した上で, こうした市場の構造は, 現金売買だけで

なく信用売買（債権・債務関係）を生みだす契機を内包せざるをえないという。信用売買は大方は債務証書を媒介とした売買であるが，それが持参人払いおよび価値の一般的な表現という形式を具えると，誰にでも譲渡されうる流通性を高めた信用貨幣に発展する。こうして同氏はいう，「商品種に内在する価値の表現と実現，そこに起因する，個別的な販売に不可避的な偶然性との関係を追求すると，商品流通そのものの構造のうちに信用貨幣の萌芽が胚胎されているのがわかる」と。信用貨幣が商業的発展に伴って独自に発展してきたという歴史的事実が裏付けとして指摘される。これらの議論で強調されているは，表券主義的象徴貨幣論とは違って，この債務証書＝信用貨幣があくまでも商品の価値を基礎にした債務であるという点である。

　信用貨幣は銀行券として本格化する。小幡氏は兌換・不換の銀行券をともに信用貨幣として捉え，その区別は信用貨幣の下位の区分として機能的な相違を明確にすればよいとみる。今日不換銀行券が普及しているが，その淵源をたどれば商品流通自体のなかにその萌芽が宿されていたことになる。これは紙券流通の普及を原理的には説明できない不純な要因（たとえば国家の通貨管理）に依存したものとみる見方を否定し，基本的に貨幣のもつ原理自体に起因すると捉える見方になる。貨幣の「自己変容」である。

　第3章では，先ずG－W－G'の定式に絡んで，資本生成＝貨幣の資本への転化の問題が検討される。小幡氏は，この定式の矛盾から資本の基本形態を労働力の商品化と直結させる『資本論』の論理を排して，それを広く商品流通一般の中

に見出そうとする宇野流通論から出発する。しかしまた,同じ出発点を共有しながらも貨幣増加的観点に傾斜した論者を批判し,資本は単なる貨幣増加ではなく価値を基準とした価値増殖であることを強調する。それでは商品流通のどこに資本の萌芽を見出すことができるのであろうか。小幡氏は「市場は売買差額の発生を不可避的にともない,その内部に資本家の活動を誘発」するという。ただこの「資本家の登場」を促すその市場構造の解明はかなり独特で,キーポイントはここでも「同種商品の価値実現の偶然性」であり,それが一物一価ではなく「一物多価の状態」を生みだすという点にある。それが資本発生にどうつながるのか,貨幣価値の不可知性という議論も絡んでその含意を理解すのは容易ではないが,そうした市場のあり方が資本発生の基盤として押さえられている。

こうした議論を踏まえて,次にたんなる貨幣支出ともたんなる商品売買とも違う資本投下の問題が取り上げられる。「資本としての投下」には「期間的,集合的な性格」が伴う。こうした契機を欠けば,「いかに高く売ろうとしても資本ではない」ということになる。しかし個人資本家の場合は,財産一般から投下資本を明確に分離できず,その境界はつねに曖昧になる傾向があるが,この点「出資形式をとる株式資本」のもとで,「資本の投下概念は明確になる」とされる。株式資本は資本の概念のなかにその萌芽をもつということになる。「自己変容」の契機が内包されているのである。個人資本を資本の基本像と見て,株式資本を本来の資本像からの逸脱と捉え,純粋資本主義論に固執する見方が厳しく批判されることになる。

以上のように,小幡氏は宇野流通論を共通の出発点とする

流れの中で，基礎範疇そのものの把握において独自の立場に立つだけでなく，資本主義を自己変容するものとして宇野方法論の枠組みに異論を提示する。それは原理と現実的現象との間を架橋しようとする真摯な思索の結果であったといってよい。

　紙幅の制限から数点にだけ手短に論評をつけ加えることにする。1つは価値形態論である。私も価値を差し当たり「交換可能性」と規定して，価値形態論を展開するのは十分可能だと思う。商品世界では，その実体が「象形文字」である価値の一連の表現が，貨幣形態にいたるまで実際に行われてきた。そのような表現のメカニズムと形態展開が価値形態論の課題となる。しかし他方で，宇野流通論の評価にも関わるが，価値実体とその大きさが最初に明らかにされていれば，価値形態論が無意味になるとみる必要はない。実体論は価値形態論にとっては，そこで展開される「交換可能性」の実体が抽象的人間労働であることを分析者の頭の中で事前に確認しているにすぎない。また小幡氏は，量こそ価値形態論の中心問題だとされるが，商品価値が他商品の使用価値で表現される表面的事実の背後に，それが可能になるのはその他商品が価値を代表し，価値の化身となることによってであること，貨幣の魔力もここに淵源をもつこと等の質的問題がその核心だと考える。「形態内実」の問題である。これはしばしば誤解されるような価値実体のことではない。量的関係の調整過程については，その背後で価値実体による規制が働くことをつけ加えて，ご指摘に同意する。

　2つは信用貨幣の問題である。私も商品流通そのものから

信用売買が生じ,信用貨幣が生れるというご指摘に同意する。この点の強調は本書の功績の1つであろう。ただ債務証書が流通性を高めて信用貨幣となるには,それが持参人払いおよび小幡氏の表現では「価値の一般的な表現」という形式を具えることが不可欠である。注意しなければならないのは,後者の価値表現の問題である。それは実際には価格で表示される。そうだとすれば,信用貨幣に先だって価値を価格に転化させる計算貨幣(=普通の意味での価値尺度)の存在があるということになる。あらゆる貨幣形態の基礎にこの計算貨幣があるといってよいが,本書では計算貨幣と信用貨幣の関係が不問のままである。付言すればマルクス価値形態論はこの計算貨幣の形成を論じているのであるが,私はその際チュルゴーの貨幣論が念頭にあったものと推測している。チュルゴーはまたこの計算貨幣の観念的抽象化を論じていて興味深い(簡単には拙著『近代経済思想再考』を参照されたい)。

最後は変容論的アプローチの問題である。私は原理の中に現代の諸現象につながる萌芽を見出そうとする小幡氏の営為を多としたい。それは宇野純粋資本主義論に対する異議申し立てであって,既に宇野氏の文言の解釈を巡って論争も生じている。その当否には触れない。ただ確認しておきたいのは,変容を促す原理の中の「開口部」としては,信用貨幣としての銀行券と株式資本に関わる部面が取り上げられているが,それはこの2つに限定されるのであろうかという点である。限定されるとすればそれは何故か。逆に「開口部」は他にいくつもあって,全体としての構造的変容の可能性が考えられているのかどうか。今後の理論展開をまちたいと思う。

村岡到『貧者の一答——どうしたら政治は良くなるか』(ロゴス, 2014年)

　村岡到氏の文筆活動は実に旺盛で関心の幅も広いことは, 昨年〔2013年〕の『友愛社会をめざす』(ロゴス) などこれまで活字化された論著の数とそのタイトルを一瞥しただけで分かる。それは本書でも述懐されている, 大切だと考えたらすぐにも論文にして発表するというやり方およびさまざまな分野の事象を関連づけて考えることを好むという思考法の産物であろう。これが村岡氏の文筆活動の基本的スタンスであり, それが可能なのは勘どころを素早く掴む能力のゆえであろう。異なるテーマと多様な分野の文献の検討からなる本書も, このスタンスから生みだされた果実である。

　書名の「貧者の一答」は,「貧者」による「一つの答」を意味する。村岡氏はこれについて, 自らが貧者の一員であり, その立場から生きる意味を考えたといい, また「一答」という創語はこれが正解だと強調する愚を避け, 難問への私論であり試論であることを明示するためだという。この姿勢が裏面で含意しているのは, 他に多くの「答」がありうること, 正解に到達するためにはこれらの多くの「答」の間での相互批判が必要であるということである。「討論の文化」が強調される所以である。これは J.S.ミルの『自由論』の議論と通底する。ミルは思想・言論の自由について, 少数意見が真理

である場合が少なくないこと，また対立する意見のそれぞれが「半真理」である場合が多いことを挙げ，自由な議論が真理への接近に果たす役割を強調していたのであった。

　本書は3部構成である。第Ⅰ部は日本政治論，第Ⅱ部は農業経済論，第Ⅲ部は社会主義論である。各部の議論のキーワードをあらかじめ示しておくと，第Ⅰ部は友愛，第Ⅱ部は保護，第Ⅲ部は協議ということになろうか。

　村岡氏は日本政治の活路は友愛の定位にあるという。選挙に基づく「代議民主政」を重視する立場からどの候補者に投票するかを常に考えるメリットとその選定基準が列挙され，関連してこの〔2014年〕11月の沖縄県知事選における翁長雄志氏の勝利の重要性が強調されているが，この基準の第一に挙げられているのが，〈脱原発〉〈活憲〉と並んで，鳩山由紀夫氏が主唱する〈友愛外交〉である。また民主党政権瓦解の要因として，予算財源の問題，官僚制の壁などと並んで党内部の脆弱性が挙げられているが，その象徴が当初掲げられていた「友愛精神」の言葉がその後の「綱領」で消えたことに示される基本理念の欠如である。

　さらに日本政治の主要課題が脱原発から司法制度改革まで8項目挙げられているが，「諸課題を貫く〈理念〉は友愛である」ことを明確にしなければならないとされる。友愛は，左翼にとっては歴史的に労資対立をカムフラージュするものとして忌避されてきたが，労資対立の認識と両立可能なだけでなく，その再定位によって社会主義像は深さを増し，幅を拡げるに違いないと評価される。

　確かに友愛は上級の道徳感情であり，それによって結合さ

れる人間関係は快適である。その意義の強調は分かる。問題は友愛だけで見知らぬ多数者からなる大きな社会の結合が可能かという点であろう。この点で、利己心と結びつきながらその高慢を制御する「同感」についてのアダム・スミスの倫理学がいま１度再考されてよいであろう。

第Ⅱ部の主題は農業経済学者石渡貞雄氏の教示を継承する「農業＝保護産業」論である。農業は工業と違い生命ある有機体を生産する。だから自然を離れて農業はありえず、自然のリズムに強く従わざるをえない。工業製品の生産速度とは比較にならず、工業と同じ土俵では存続すら危ぶまれる。この農業・工業の本質的相違の認識が保護論の前提にある。こうした事情のためどこの国でも形態と程度の違いはあれ、歴史的に農業保護主義は支配的傾向であったことが指摘されると同時に、保護政策を消極的なものとしてではなく、農業＝保護産業として明確な意識化・自覚化がなされなければならないと主張されている。聞くべき主張であろう。こうした観点からマルクスおよびマルクス主義の農業観が手厳しく批判されていて、私にとって賛否分かたれる問題が論議されているが、それについてはここでは省く。

こうした理論的主張とともに、日本農業の現状が簡単に紹介され、その再生の方策の目玉として「農業保護税」の政策が提示されている。それは関税にかわって輸入後の農産物に保護税を課し、それを農家の生活保障にあてるという構想である。輸入農産物は課税分高くなり関税障壁と類似の機能をもつが、加えて保護税分が支払われるという点をどう考えるか。それはともかくこれは農業を関税障壁によって保護する

か裸の市場競争に委ねるかという二者択一的選択にとらわれない政策模索の1つとして評価すべきであろう。

　紙幅の関係から，第Ⅲ部については，今は顧みられることの少ない社会主義経済計算論争の復位が試みられ，また社会主義経済での生産・分配システムについて貨幣と市場を超える道として「協議生産」および「生活カード制」という興味深い構想の提起がなされていることを指摘するにとどめる。

　以上どの論点も現実と深く関わる問題提起で，「討論の文化」を要請するものといえる。

エッセー

広津和郎『裁判と国民』
―― 松川事件と冤罪 ――

　若い日の私に衝撃を与えて，社会のあり方を問い，社会認識を深める必要に気づかされたのは，中学・高校時代に読んだ作家広津和郎の松川裁判批判によってであった。その印象は今なお強烈である。

　わが国がまだ占領下にあった1949年8月17日午前3時すぎ，東北本線の福島駅－松川駅間で旅客列車が脱線転覆し，乗務員3名が惨死する事件があった。1本のレールの継ぎ目板がはずされ枕木の犬釘が抜かれるという人為的工作の結果であった。松川事件と呼ばれる。当時は同年7月国鉄では9万7000人の大量馘首が発表されて国鉄労働組合では全面的な反対闘争に立ち上がろうとする時期であった。しかしその発表直後から下山国鉄総裁が常磐線で轢断死体で発見された下山事件，無人電車が暴走して駅構外に飛び出し住民を殺傷した三鷹事件に続いて，この松川事件と鉄道関連の事件が短期間に相次いで起こり，それらが皆国鉄労働組合の犯行であるかのごとくマスコミで喧伝されて，機運が高まっていた馘首反対運動は頓挫のやむなきにいたったのであった。

　松川事件はどのような経緯をたどったのか。逮捕起訴され死刑を含む有罪判決を受けた20名の被告が，長年の曲折をへた裁判の末に全員無罪となった際の記念碑として建てられた

「松川の塔」の碑文——これはこの裁判の結果に甚大な役割を果たした広津の手になる——を借りよう。「この列車転覆の真犯人を，官憲は捜査しないのみか，国労福島支部の労組員10名，当時同じく馘首反対闘争中であった東芝松川工場の労組員10名，合わせて20名の労働者を逮捕し，裁判にかけ，彼らを犯人にしたて，死刑無期を含む重刑を宣告した。この官憲の理不尽な暴圧に対して，俄然人民は怒りを勃発し，階層を越え，思想を越え，真実と正義のために結束し，全国津々浦々にいたるまで，松川被告を救えという救援運動に立ち上がったのである。この人民結束の規模の大きさは，日本ばかりでなく世界の歴史に未曾有のことであった。救援は海外からも寄せられた。かくして14年の闘争と5回の裁判とを経て，終に1963年9月12日全員無罪の完全勝利をかちとったのである。人民が力を結集すると如何に強力になるかということの，これは人民勝利の記念塔である」。

　記念碑であるためか，支援の広がりとその結実とが広津には珍しい高揚した文体で書かれている。また短かい碑文では止むをえないが，ここには松川事件の被告を取り巻きまいていた厳しい状況は省かれている。しかし馘首反対闘争が頓挫したことに示されるように，共産主義者の陰謀とする増田官房長官談話にも誘導されてマスコミ・世論は「官憲の理不尽な暴圧」に肯定的であったのであり，広津自身も当初「左翼的な思想犯罪」と信じていたのである。第1審と第2審の有罪判決はそれを裏付けるものとみなされた。日本弁護士連合会の大勢も例外ではなかった。誠実に，しかし執拗なまでに粘り強く詳細鋭利な裁判批判を書き続けて，この状況を転換

させた点に広津の大きな功績があった。

　広津が松川事件に関心を抱いたのは，被告たちが無実を訴えた『真実は壁を透して』を読んで，「嘘や偽りでは書けない文章」であり，「被告たちの述べていることは真実に違いない」と信じないではいられなくなったからであった。すでに第1審で有罪判決が下り，第2審が進んでいた。広津は第1審の判決文の検討，裁判の傍聴，アリバイ証明の関係者との面談等を通して，被告たちが無実であることを更めて確信し，第2審で納得のいく公正な判断が下されるよう各種紙誌に筆をとって，被告の意見を聞く機会に乏しい世論に訴えたのであった。しかし第2審も，2つの「謀議」の一方を認めずそれに関係するとされていた1部被告を無罪としたものの，有罪判決を維持した。ここから『中央公論』を主な舞台として広津の獅子奮迅の活動が始まる。証拠に基づかず自白に依拠して，第1審判決を基本的に継承した第2審判決を鋭利に分析し，完膚なきまでにその非論理性と独断的予断とをあばき尽くした判決文批判は，『中央公論』の1954年4月号から1958年10月号まで4年7カ月，54回にわたって連載された。この判決批判をめぐっては，広津は彼の批判を「世間の雑音」として裁判官が耳を傾けることを斥ける田中最高裁長官や「判決が客観的事実に符合するや否やに心を煩わす勿れ」と第2審裁判長を励ます石坂高裁長官，その他の裁判官と厳しい論戦を展開してもいる。広津は裁判は裁判官の占有物ではなく国民のものであり，国民の意見は真摯に聞くべきものであること，客観的事実を無視すれば国民の裁判への信頼は一変せざるをえないことを説いている。当初反響の無さ

を嘆じつつ，しかし粘り強く続けられたこうした広津の活動は，私の場合がそうであるように，末広がりに世論に無視しえない影響を与えたのは疑いない。そうした状況を背景に，裁判は上告審（最高裁）で7対5という小差ながら高裁への差し戻しとなり，差し戻し審で全員無罪，検察側の上告にもかかわらず最高裁の上告棄却で最終的に無罪が確定することになった。この松川裁判の最終段階まで，広津はたたかいをやめなかった。

　この広津の活動は，フランスでの「ドレフュス事件」における作家エミール・ゾラのそれに比肩できる。1894年ユダヤ系陸軍大尉ドレフュスがドイツに機密情報を売ったとして終身流刑となったが，調査して無実を信じたゾラは1898年新聞紙上に「私は弾劾する」という大統領あての公開質問状を発表し，爾後家族・知人などの再審要求運動を強力に支援した。反ユダヤ主義団体等による脅迫に身の危険を感じてイギリスへの亡命を余儀なくもされた。上官による1部の証拠文書の偽造が明らかとなって減刑されたもののなお有罪であった再審を経て，新たな証拠の提出によって1906年判決の全面破棄，ドレフュスの軍への復帰が実現したのであった（『ブリタニカ大百科』参照）。この6月に「衛星映画劇場」で放映されたリバイバルの映画「ゾラの生涯」の後半は，「ドレフュス事件」におけるゾラの活動を描いたものであったが，広津が自ら「四面楚歌」と書いた当初の厳しい状況に屈せず，裁判批判の論陣をはりつづけたことを想起せざるをえなかった。

　私が広津の松川裁判についての文章を読んだのは，中学3年の秋『中央公論』1953年10月号に掲載された「真実は訴

える」が最初である。第2審の判決を目前にして，彼が松川裁判に関心に抱いた経緯，被疑者を無実と信じうる幾多の根拠，仙台高裁での傍聴や弁護団・アリバイ証人との面談でその確信をますます深めたことを述べつつ，第2審判決への期待を表明したものであった。無実のものが死刑を含む重罪になりうる可能性のあることに慄然とし，私もまた第2審の判決の行方に強い関心をもった。しかし期待は裏切られた。広津の第2審判決文の詳細な批判は，私が高校に入学してからであるが，掲載される『中央公論』を毎号むさぼるように読んだ。真実の発見と裁判の公正という1点に絞った，今読み返しても圧倒的に説得力のあるこの判決批判を細部にわたって紹介する紙幅はない。判決が別件で逮捕した赤間少年を誘導，強制によって警察の目論見に合うように自白させたその自白以外に証拠をあげえないこと，自白と事実との乖離については針の穴のようなあり得ない可能性を事実と認定する論理的詐術を積み重ねる操作が行われていること，こうした詐術が被疑者を頭から犯人であると想定しているかの如き姿勢と無関係でないこと，これらを文学者らしい人間心理にも立ち入った，また文学者には不慣れな刑事訴訟法の解釈にまで踏み込んだ情理を尽くした文章で論証している点を指摘しておくに止める。私にとって衝撃的であったのは，意図的に労組幹部を狙い撃ちにするような自白内容が警察・検察の手でなぜ強制され，裁判所が起訴内容を肯定してこのような無理に無理を重ねた有罪判決をなぜ出さなければならないかという点であった。刑事司法のあり方に強い疑問を感じ，こうした動きの深部にあるものを理解する必要を痛感させられた。

被告が無罪だとすると事件には別の犯人がいることになる。広津にも当然にこの疑問はある。ただ彼は政治的要因の混入を避けるためこの疑問を封印した。しかし広津の判決批判に説得されればそれだけ，この疑問は私の頭に否応なしに居すわる。それはこの事件に色濃い政治的・思想的な左右対立の構図と絡み，この対立を生み出す社会の認識への関心を刺激した。最初は法学へ，次第に経済学へと興味を移した私の社会科学への道の出発点となった。広津が封印した疑問については，その後作家松本清張が『日本の黒い霧』（文芸春秋社，1960年）の中でこの松川事件を取り上げ，占領軍情報部関係者の関与を強く示唆している。広津自身も第1審の判決の際米軍人が裁判官の背後に監視するかの如く座っていた事実に触れているから，あるいは同種の想定があったかもしれない。

　わが国での冤罪事件は枚挙にいとまがない。最近でも志布志の選挙違反事件，富山の強姦事件，栃木の幼女殺害事件等が続いている。多くは警察・検察が物証を軽視して自白を偏重する姿勢を取り，裁判所が密室の取り調べで誘導・強制・脅迫された自白内容を安易に信認する傾向の強いことから生じている。松川事件は強い政治的意図を潜ませているかにみえる点で異なるが，冤罪の構造は同一である。取り調べ過程すべての可視化が主張される根拠もここにある。このことは，政治的性格の強い事件の場合裁判の結果いかんに関わらず，起訴そのものが大きな社会的影響を引き起こす点でことに重要である。冤罪事件では刑事司法関係者が責任を問われたことはないが，最近ではあまりにお粗末な件については「司法

過誤」として「医療過誤」と同様に法的責任を問う声もある。松川事件はまさに関係者が法的責任を問われても仕方のない冤罪事件であった。その「司法過誤」を，あえていえば「司法犯罪」を，極めて高い水準で明るみにだしたのが広津であった。

　（広津の松川事件関係の本には，第2審判決文批判の論考を編集した『松川裁判』〔中央公論社，1958年〕とそれ以外の文章を収録した『国民と裁判』〔広松書店，1981年〕とがあるが，ここでは私が最初に読んだ「真実は訴える」を収録している点および広津の多面的活動を知りうる点で，「この1冊」として後者を選んだ）

60年安保闘争の経験と集団的自衛権

（1）

1960年6月15日の夕闇濃くなりはじめた頃，国会南通用門近くの路上で機動隊の車両が横転させられ火をつけられて，炎が赤々と夜空に燃えあがっていた。凄絶な光景であった。

当日は安保改定反対の統一行動日であった。岸内閣による5月の衆議院での強行採決を契機に，運動は大きなうねりを見せることになるが，しかし決め手を見出しかねていた闘争の転換を図るため，全学連は前年11月，2万のデモ隊が国会構内に入り込んで集会を開き，闘争に活力を与えた前例にならって，学生デモ隊単独で国会構内に突入することを決めていた。当時唐牛健太郎委員長を筆頭に在京の執行部の逮捕が相次ぎ，それを補うために北小路敏副委員長をはじめ地方の中央執行委員数名が上京していたが，私もその1人であった。当日明治，中央，東大駒場など戦闘力の強い大学のグループを北小路が指揮し，女子大を含むその他の大学のグループを私が指揮していた。この時当時慣例的に使われていた「……大学の部隊」という言葉を，私が不用意に使ったことにお茶の水女子大学の委員長から「私たちは軍隊ではない」と強い抗議をうけたことが苦い思い出として残っている。国会構外を他の諸団体と共に数回にわたってデモをした後，南通用門

を巡る攻防が始まった。通用門内に防御のためにバリケードとして並べられていた機動隊の車両にロープをかけて引き出そうとする学生に，機動隊は強力な放水を浴びせて後退させようとする。私は第1と第2の大学グループの中間に置かれた宣伝カー上からこの攻防を見ていたのであるが，退いては進むことを繰り返すこの攻防における北小路の指揮ぶりはなかなか鮮やかなものであった。結局車両は引き出されて南通用門は破られ，学生デモ隊は国会構内に入り抗議集会を開いた。薄闇のこの抗議集会で吉本隆明が連帯と激励のスピーチを行った。

　しかしその後隊伍を整えた機動隊が警棒を手に一斉に学生に襲いかかった。無防備の学生に抵抗する術はなかった。警棒によって頭に裂傷をおった学生は多い。私は竿のような長い棒状のもので腹を突かれて頭から転落し，半ば失神状態の所を腕章を巻いた報道陣らしい数人に構外に運び出されて逮捕を免れた。地上に衝突した左頭部には，今なお鈍い麻痺感が残っている。この機動隊の攻撃の際に，樺美智子さんが死亡した。慶応大学医学部で解剖され，膵臓に鈍器の打撃による圧迫出血があり，その後首を締められての扼殺の可能性が大という鑑定書を検察が受けとらず，東京大学医学部に再鑑定を依頼した。検死もなしに人なだれによる圧迫死という鑑定書が出された。矛盾する双方の鑑定書は公表しないことで手がうたれたという。世上では圧死が通説となっているが，真相は今も闇の中に放置されている。この攻撃によって構外に押し出された学生には，もはや隊伍を組む余裕もなく，追い打ちをかける機動隊によって国会周辺からバラバラに退散

させられた。冒頭の光景はこの時のことである。

　当日の闘争はこのように無残な結果に終わったのではあるが，反安保運動に及ぼしたその影響は大きかった。最終盤の運動は一挙に白熱化した。統一行動日の 18 日，私は明治大学に行ったが，2000 とも 3000 とも思われる学生が集まり，その多くが国会への抗議デモに参加した。学生のデモにつきものの「国際学連の歌」や「インターナショナル」などの闘争歌は学生の多くが知らず，「白雲なびく駿河台」という明治大学の歌を高唱しながらのデモであった。安保闘争の底辺の広さを象徴するものであろう。翌日に参議院の議決を要しない「自然承認」の日を前にして，20 〜 30 万人とも言われる労働者・市民・学生が国会を隙間なく取り囲み，終夜座り込んで抗議の意志を示した。全学連の 1 部には首相官邸への突入の意見もあったのであるが，こうした状況下でのその戦術への疑問とともに自衛隊出動の噂も流れて沙汰止みとなった。官邸で実際に自衛隊出動の要請が検討され，しかし閣僚の 1 部に強い反対があってこちらも沙汰止みになったことがその後明らかになっている。もし自衛隊による強制排除が試みられていたら大惨事になったであろうことは容易に推察できよう。双方にぎりぎりの所で自制が働いたといってよい。

　「自然承認」の直後岸内閣は総辞職した。この最終盤の安保闘争はどういう状況をもたらしたのであろうか。学生自治会レベルでいえば，明らかに全学連への共感の輪が拡がった。私は 6 〜 7 月三多摩の諸大学の組織化に出かけていた。安保

闘争の過程で全学連に反主流派＝共産党寄りの全自連（全国自治会連合）が生れていたが，この地域の態度保留の大学にも主流派寄りの傾向が強くなっていた。津田塾大学もその1つであって，全自連の主力校が欠席した7月の全学連大会への参加を決断した。当時の渡辺（現姓北原）糸子委員長は，今は三陸津波，磐梯山噴火，安政大地震などの災害史の業績で知られている。しかし全学連の指導部を形成していた共産主義者同盟（ブント）の様子は大いに違う。7月末の大会では安保改定そのものを阻止できなかった「敗北」の総括を巡って議論は錯綜・紛糾し，何らの意志統一もできずその後3つのグループに分裂した。私は比較制度分析で世界的に著名となり，今年亡くなった青木昌彦（姫岡玲治）のグループに近かったのであるが，主流は革命的共産主義者同盟（革共同）全国委員会に合流した。闘争の先鋭化を組織の紐帯としてきたことが裏目にでた自壊であった。闘争の最中から島成郎ブント書記長が，「虎は死んで皮を残す。ブントは死んで名を残す」と口癖のようにいっていたことからすれば，当然の結果であったかもしれない。私は革共同の組織至上的見地から闘争との間合いを考える傾向に共感が出来なかったが，党組織論がないという彼らのブント批判には一面の真理があったかもしれない。ただ合流した革共同もその後革マル派と中核派に分裂し，多数の死者をだす凄惨な「内ゲバ」を繰り返し新左翼運動に深刻な打撃を与えたこと，こうした全国的傾向から離れて関西では独自の路線を模索する動きがあったこと——「政治過程論」を下敷きにしたこの動きの1つの帰結として，「ブント主義」を純化したかのような赤軍派が形成される——な

どには触れる余裕がない。

　安保闘争は「敗北」の1語で語り尽くせるであろうか。7月池田内閣が成立した。岸首相は第2次大戦の侵略性を否定し，憲法改正を含む戦後体制の刷新を企図していた。戦前回帰的な政治主導の路線であった。それは教職員の勤務評定の強行や廃案になったとはいえ治安強化を狙った警職法改正案の提出などに明らかである。しかし池田首相は真意は別として憲法改正を封印し，「所得倍増計画」に象徴される経済主導の路線を打ち出した。それは深刻な公害問題を派生させつつも，毎年2桁に及ぶ経済成長を実現した60年代の高度経済成長の契機となった。この転換には安保闘争に示された巨大なエネルギーを無視できないと感じ，民心の離反を可能な限り止めようとする心理が働いていたと見るのは暴論とはいえないであろう。これは中曾根内閣誕生まで自民党政治の主流路線となった。

　ある集会で私は安保闘争の意義を問われて，こうした日本政治の路線転換に果たした役割を指摘した。しかし1部の人々からは客観主義的評価として不評であった。運動主体の側に問題がなかったといっているわけではない。ただ「敗北」の中にも歴史の動向を左右する要因が宿されていることはこの場合に限らない。昨年3月東京で「没後30年，唐牛健太郎を問う」という講演会・懇親会が開催された。講演者の1人・堤堯『文藝春秋』元編集長は「カロケンの思い出」と題する講演の中で，羽田空港・国会正門前での闘争を指揮する唐牛を見て，また数度の面談を通して，彼の男っぽい決断

力，竹を割ったようなさわやかな性格，人を魅了する笑顔について語りながら（私の唐牛観もほぼ同じ。彼は1959年の晩秋，関西諸大学にオルグにきて私の下宿で2週間近く起居をともにした。自治会活動を始めたばかりの私を説得し，年末中央執行委員に推挙したのは彼であった)，自らを思想的には右寄りと自認しつつも安保闘争がその後の軍備拡大を防ぎ，ベトナム参戦を阻止し，経済主導の路線に舵をきらせた役割を強調した。私の見方と類似である。三谷太一郎東大名誉教授（日本政治外交史）も，運動主体側では安保は敗北したと認識されているが，「しかし国民的広がりのある運動が起きた意味は大きかった。その後の自民党政権は安保の軍事同盟化への傾向を弱めて，経済の豊かさや国民の暮らしに関心を向けざるを得なかった。……安保改定自身が池田内閣以後の高度経済成長を準備した」と語る。安保闘争に限らず大きなうねりを持った運動は，直接的課題の実現の有無とは別に大局的な歴史的文脈の中でその役割が評価されなければならない。

（2）

今「存立危機」などの要件付きとはいえ集団的自衛権容認を核とする安保関連法案が政治の前面に出て，その焦点になっている。憲法改正で問うべき問題を解釈改憲という姑息な方法を使って安倍内閣はこの国会での通過を強行の構えである。60年安保闘争との関連で言えば，それが転換させた経済主導＝保守本流路線の再転換の試みということができる。しかしそれは突然の政治劇というわけではない。すでに80年代の中曾根内閣の頃から自民党政治に変化の兆候が生まれてい

る。

　高度経済成長を実現し，2度のオイルショックや円高ドル安の荒波を乗り切ったわが国は，この頃アメリカに次ぐ世界第2の経済大国になっていた。経済の面では「戦後日本の絶頂期」ともいわれ，「ジャパン・アズ・ナンバーワン」とも評された。この成功体験が今なお牢固な成長信仰の淵源の一つとなっている点は注意しておくべきであろう。この時代を担った中曾根は政治生活の始めからの筋金入りの憲法改正論者であり，首相就任最初の施政方針演説で表明したように「戦後政治の総決算」の強力な提唱者であった。それはかっての岸首相の姿勢と重なる。当然彼は池田内閣以来の経済重点主義を否定し，新しい国家像の構築と安全保障問題に真っ向から取り組む決意であった。しかしこの決意にもかかわらず，彼のこの面での実績はアメリカが強く要請していた「武器技術の供与」を，内閣法制局の抵抗を押し切って実現した程度で，「総決算」はむしろ経済制度の面で顕著である。具体的には電電公社と専売公社の民営化であり，総裁・副総裁という首脳の首をとっての国鉄の分割民営化であった。当時イギリスではサッチャーが，アメリカではレーガンが登場し市場原理主義的政策を実施していたが，それと軌を一にするものであった。それはまた問題を抱えながらも，第2次大戦後一定の地歩・影響力を築きあげてきた労働運動を分断・弱体化させる意図と連動していた。国労の解体に象徴されるように，それらは確かに労働運動の戦闘力を削いだ。総評から連合への労働組合の再編にもつながった。この時期の一連の市場原理主義的＝新自由主義的改革が，それまで貧富の格差を縮小

させてきた傾向を反転させ,その後殆どすべての先進諸国で貧富格差を極度に拡大させ,「格差社会」化をもたらすスタートとなったことは,最近話題のトマ・ピケティ『21世紀の資本』が詳細なデータをもって実証している。ただ中曾根にとっての「戦後政治の総決算」の核心ともいうべき「エセ1国平和主義からの脱却」は,殆ど手つかずに残った。機いまだ熟せずということであったろうか。それは中曾根内閣に続く竹下内閣や宮沢内閣が経済重点主義的傾向を踏襲したことにも現れている。両内閣間の1990年に生じた湾岸戦争についても,わが国の多国籍軍への協力の基本は資金援助であった。中曾根の意図を許さなかった点で,安保闘争の遺産がなお残っていたといってもよい。

しかし日本政治史上で政府によってはじめて施政方針として明言された「戦後政治の総決算」の路線は,地下水脈のように政界の底部を流れ続ける。1990年代はその直前に絶頂に達していたバブルがはじけて金融機関に深刻な不良債権問題が浮上し,その後のアジア通貨危機もからんで「失われた10年」ともいわれる長い経済低迷が続くことになる。山一証券や北海道拓殖銀行などの大型倒産も生じた。財政の悪化も深刻化を始めていた。こうした経済状況を背景に政界も迷走する。自民党の分裂やそれを契機とする自社さ政権(=社会党の村山首相)の誕生など政界は混迷し目まぐるしい離合集散が続く。政界再編の仕掛け人であったのは,若くして自民党幹事長を勤め,辣腕家として著名な小沢一郎であった。その彼が1993年に著した『日本改造計画』には,政界の底流に流

れていた「総決算」路線が独自に理論化されて姿を現している。論点は多岐だが,ここでは安全保障と関連する「普通の国」論に絞ろう。その意味するところは,わが国が他国と同様に個別的自衛権と集団的自衛権をもつ国になるべきだという点にある。ただわが国には憲法上の制約がある。しかし自衛隊も国連が議決し国連が指揮権をもつ国連軍の1部として活動すれば,それは国権の発動として武力行使をするわけではないから憲法違反にはならない。わが国の海外での武力活動はこのような形でのみ許されるが,それによってこれまで軽視されてきた国際的平和維持に貢献すべきだとされる。この憲法解釈と政策の当否という問題は今はおこう。ここではこの小沢構想は日米関係を基軸に安全保障問題を捉える伝統的な見方から本格的な議論にはならなかったこと,また国連中心主義という枠内ながらも今論議の焦点となっている集団的自衛権の認知が求められている点に注目しておきたい。

　先を急ごう。世紀転換期の橋本・小泉などの自民党内閣の主課題は90年代の経済状況が強いた行財政改革であった。ただここでも,有事の対米協力拡大を核とする日米防衛協力のための「ガイドライン」の法定(1997年)やイラク復興特別支援法に基づく後方支援のための自衛隊の派遣(2004年)など安全保障関連で見のがせない状況が生じている。しかし祖父岸路線の復権という色彩をもつ政治面での「戦後レジームからの脱却」の路線が本格的に登場するのは現安倍内閣からであろう。その象徴が彼が内閣法制長官の首をすげ替えてまで従来の憲法解釈を変更し,強行突破しようとしている安

保関連法案といってよい。殆どの憲法学者が，また元最高裁長官までが違憲と断じ，事実上の戦争加担というべき兵站支援を支柱とするこの法案の問題点については，もはや周知の所であろうからここでは省く。

　この「脱却」路線の終局的目的は，保守本流路線の時代でも底流にあった，国民主権，平和主義，個人的人権の尊重などを柱とする現憲法の改正であろう。現局面はこの本丸での攻防を前にした前哨戦という性格をもっている。改憲を許せば，蝕まれつつも軍事依存抑制の淵源となった60年安保闘争の遺産は完全に消失する。それを許さないためにもこの前哨戦に力を注がなければならないが，国会審議の過程で，この法案の違憲性が浮き彫りになり，集団的自衛権の行使が内閣の恣意的ともいうべき状況判断に依存することが明白になるにつれ，急速にこの法案についての疑義と異論が増加している。政治離れが指摘されて久しかった学生のシールズなどの自発的活動を含んで,年代をこえた60年安保を想起させるような広汎なデモ（8月30日には12万の人々が国会周辺を取り囲んだ）が展開され，各種の団体や各方面の有志による反対声明など，反対運動も拡大してきた。世論調査も一貫してこのこの法案の今国会での採決に否定的であり，内閣支持率の低下も著しい。この状況は仮にこの法案が強権的に法定されても，集団的自衛権の発動を事実上制約し改憲の動きにブレーキをかけるなど，今後の政治動向に強い影響を及ぼすであろう。最後に希望を込めて，杉田法政大教授の「法案審議をめぐる審議の中で，今回，立憲主義の意義や，民主主義の価値に対する理解がかなり深まった。……これは非常に大きな成

果で,今後の政治のあり方を根本のところで変えていくでしょう。主権者が主権者としてあり続ける限り,勝負は続きます」という状況認識を紹介して小稿を閉じることにする。

〔追記〕安保関連法案は,この〔2015年〕9月,公聴会の報告を聞くこともなしに強行可決された。安倍内閣は60年安保後にならってか,目先をかわして経済問題に焦点を合わせようとしている。違うのは内閣が変わらず改憲志向も堅持されていることである。国民の政治的見識が問われることになる。

J.S.ミル / マルクス　略年表

年	J.S.ミル	マルクス
1806	ロンドンに生まれる（ジェームス・ミルの長男）	
18		ドイツ・トリーアに生まれる
19	父より論理学，経済学を学ぶ	
23	東インド会社に入社	
36		ベルリン大学法学部入学
42		『ライン新聞』主筆
43	『論理学』	イェンニー・フォン・ヴェストファーレンと結婚
44	『経済学の未解決の諸問題に関する試論』	
47		『哲学の貧困』
48	『経済学原理』(第2版49年，第3版52年，第7版71年)	『共産党宣言』
49		ロンドンへ亡命
51	テーラー未亡人と結婚（20年間の恋愛）	『ルイ・ボナパルトのブリューメール18日』
57		『経済学批判要綱』(～58年)
58	東インド会社を退職，南仏アヴィニオンで夫人急逝，以後夫人の娘ヘレン・テーラーと生活を共にする（当地とロンドン）	
59	『自由論』	『経済学批判』
61	『代議政治論』	『経済学批判61-63年草稿』

年	J.S.ミル	マルクス
1863		(『剰余価値学説史』を含む)『経済学63-65年草稿』(『資本論』第3部を含む)
64		「国際労働者協会(第1インター)創立宣言」『資本論』第2部草稿
65	下院議員に当選	
67		『資本論』第1部初版(仏語版72〜75年, 第2版72年)
69	『婦人の隷属』	
71		『フランスにおける内乱』(パリ・コミューン論)
73	アヴィニオンで死去死後養娘ヘレン・テーラーにより遺稿『自叙伝』(73年),「社会主義論」(79年)公刊	
75		「ゴータ綱領批判」
81		妻イェンニー死去
83		死去死後エンゲルスにより『資本論』第1部第3版公刊

おわりに

本書は J.S. ミル・マルクス関係を論じた論考とミル的視点から現代を俯瞰した論考をいわば本論とし，付論として近年書いた書評2編とエッセイ2編を加えた。その初出は以下の通りである。

初出一覧
第1章　マルクスの J.S. ミル批判再審
（『愛知大学経済論集』　第 199・200 合併号　2016 年 2 月）
第2章　J.S. ミルとマルクス——株式会社論と協同組合論——
　　　　　　　（『愛知大学経済論集』　第 149 号　1999 年 3 月）
第3章　ミル停止状態論と現代（原題「経済成長とその帰結(2)」）（『愛知大学経済論集』第 196 号　2014 年 12 月）
第4章　経済成長の前提条件（原題「経済成長とその帰結(1)」
　　　　　（『愛知大学経済論集』第 195 号　2014 年 7 月）
第5章　マルクスから J.S. ミルへ——杉原四郎の研究視座の転換——」（新稿）
　書　評
小幡道昭『価値論批判』　（経済理論学会『季刊　経済理論』
　　　　　　　　　　　　　第 51 巻第 2 号　2014 年 7 月）
村岡到『貧者の一答』　（『図書新聞』　2014 年 11 月 29 日）
　エッセイ

広津和郎『裁判と国民』——松川事件と冤罪——
　　　　　（季報『唯物論研究』第110号　2009年11月）
60年安保闘争の経験と集団的自衛権
　　　　　（季報『唯物論研究』第133号　2015年11月）

　本書を編むにあたって，第1章では本文に若干の，注記でかなりの加筆をした。第2章の論考は，雑誌『カオスとロゴス』（第14号，1999年6月）に転載を求められた際，初出のものに若干の加筆をしたが，本書にはそちらの方を収録した。第3章と第4章はもともと1つであった論考を，前半と後半を逆にして収録したもので，その事情に触れた文章を挿入した。第4章は本書のテーマとは直接の関係はないが，第3章の前段をなす内容のもので，またマルクスの農業基礎論にも触れているので，いわば第3章の補論として収録した。両章のタイトルも変更し，本文にもごく1部加筆した。ただ第3章第2節については、石油価格の変動やもんじゅの廃炉その他，執筆時と異なる状況があるが，そのままにした。第5章は新稿であるが，杉原四郎さんを取り上げたのは，もちろんその優れた業績から多くの教示を得ていたからであるが，それだけではない。全く面識がないにもかかわらず，杉原さんには拙著『株式会社像の転回』の書評（『季報・唯物論研究』所載）を書いていただいた。また『カオスとロゴス』誌で同書をソ連崩壊後の5冊の内の1つとして評価いただき，『情況』誌と著書『ミル・マルクス・エンゲルス』(世界書院) で，『マルクス・カテゴリー事典』（青木書店）の「J.S.ミル」の項でマルクスのミル批判の歪みについて書いた拙論を，肯定的に

紹介していただいた。そうしたことへの御礼の気持もはたらいていた。

　付論の書評とエッセイは，若干加筆した部分がある。また「広津和郎『裁判と国民』」については書名に誤記があり，「60年安保闘争と集団的自衛権」についても自然承認の日に思い違いがあったので，いずれも収録にあたって訂正した。前者の副題は初出では，「社会認識への目覚め」であったが，取り上げた問題の所在を分かりやするくすために変更した。なお前者は掲載誌の「この１冊」の特集号に，後者は同じく「私の発言／敗戦・戦後70年を機に」の特集号に寄稿したものである。

　先著『近代経済思想再考』に引き続いて，この小著の刊行にもロゴスの村岡到さんに労を煩わせた。記して感謝を申し上げたい。

人名索引

J.S.ミルとマルクスは省略。

あ行

青木昌彦（姫岡玲治） 234
赤堀邦雄 1
赤間勝美 228
安倍晋三 236 239 241
飯沼二郎 156
池田清彦 116
池田勇人 235-237
石坂修一 226
石塚正英 50
石渡貞雄 221
井田徹次 112 114
宇野弘蔵 211 212 216
大内兵衛 87 140
大島堅一 121 133
太田仁樹 45
小沢一郎 238 239
翁長雄志 220
小幡道昭 210-218 245

か行

柏崎利之輔 187
唐牛健太郎 231 235 236
河上肇 161 165
樺美智子 232
岸信介 231 233 235 237
北小路敏 231 232
栗原康 116
小泉信三 92
小泉純一郎 239
小出裕章 118
小島麗逸 158 159
小林昇 132 145

さ行

篠原敏昭 50
四野宮三郎 47 49 206
島成郎 234
下山定則 224
末永茂喜 97
杉田敦 240
杉原四郎 3 25 47 161 162 164 165 170-178 180-185 191-199 202-208 245 246
鈴木和雄 85

た行

玉野井芳郎 187
竹下登 238
田谷禎三 107
田中耕太郎 226
津田内匠 136
槌田敦 116

堤堯　235
都留重人　183
　な行
中曽根康弘　235-238
　は行
橋本龍太郎　239
鳩山由紀夫　220
広井良典　124 130
広瀬隆　121
広津和郎　224-230 246 247
福井孝治　165
　ま行
前原正美　49
増田甲子七　225
松石勝彦　1
松川七郎　87 140
松本清張　229
馬渡尚憲　49 206
三谷太一郎　236
宮崎進　107
宮沢喜一　238
村岡到　219 220 245 247
村山富市　238
藻谷浩介　129
諸泉俊介　85
　や行
矢野恒太　108

山田勇　113
山中隆次　204
吉本隆明　232
　わ行
渡辺（現姓北原）糸子　234

　ア行
アビネリ　68
ウェイクフィールド　168
ウエーバー　48
ウエストン　15
エッカリウス　15
エバンス　34
エンゲルス　17 49 50 67 145
　165 194 195 205 246
オッジヤー　15
　カ行
カウッキー　165
カーソン　111
ギル　95
ケネー　136 137 157
コリアー　127
コーエン　131
　サ行
サックス　125
サッチャー　237
ジスケ　52

シュムペーター　13 19 74 137 146 157 169
ジョーンズ　148
スイージー　47
スミス　1-3 43 48 53 87 89-93 97 100 123 131 135 140-145 150 153 157 166 194 221
ゾラ　227
　タ行
ダイアモンド　133
タウシッグ　165
ダンカン　204
チュルゴー（チュルゴ）　28 29 135-137 139 144-149 157 218
テイラー　169
デュポン（.d.N）　144 146
デュポン（p.）　52
ドレフュス　227
　ハ行
バクーニン　170
バラッサ　188
バーリ　2
ピケティ　48 238
ピーパー　14
ビスマルク　66

ヒルファデング　1
フーリェ　61 201
フォーケ　80
ブハーリン　157
ブラウン　105 126 128
フロイト　194
ブローグ　188
ヘーゲル　48
ボナパルト　65
　マ行
マルサス　86 96 97 151 194-196
ミーンズ　2
ムーア　70
　ラ行
ライアン　169
リービヒ　41
リカード（リカードゥ）　13 25 26 29 31 32 36 86 92 93 95 96 98 107 124 143 151 166 172 187
ルクレール　51
レーガン　237
レーニン　69 71
ロイド　14
ロストウ　135

武田信照　たけだ　のぶてる

1938年　長崎県に生まれる
1969年　大阪市立大学大学院経済学研究科博士課程修了
　　　　愛知大学法経学部講師
1985年　愛知大学法経学部教授
　　（1989年　学部改組で経済学部教授）
1999年　愛知大学学長・理事長
現在　　愛知大学名誉教授　経済学博士（大阪市立大学）

著　書
1982年『価値形態と貨幣——スミス・マルクス・ヒルファディング』梓出版社
1998年『株式会社像の転回』梓出版社
2006年『経済学の古典と現代』梓出版社
2013年『近代経済思想再考——経済学史点描』ロゴス

ミル・マルクス・現代

2017年8月15日　初版第1刷発行

著　者	武田信照
発行人	入村康治
装　幀	入村　環
発行所	ロゴス
	〒113-0033　東京都文京区本郷2-6-11
	TEL.03-5840-8525　FAX.03-5840-8544
	http://www.18.ocn.ne.jp/~logosnet/
印刷／製本	株式会社 Sun Fuerza

定価はカバーに表示してあります。　ISBN978-4-904350-44-7

ロゴスの本

西川伸一 著 　　　　　　　　　　　　　　　　　　　　四六判 236 頁 2000 円+税
城山三郎『官僚たちの夏』の政治学

村岡 到 著 　　　　　　　　　　　　　　　　　　　　四六判 236 頁・1800 円+税
ベーシックインカムで大転換——生存権所得

村岡 到 編著　塩川伸明　加藤志津子　西川伸一　石川晃弘　羽場久美子
　　　　　　　佐藤和之　森岡真史　伊藤 誠　瀬戸岡 紘　藤岡 惇
歴史の教訓と社会主義　　　　　　A5 判 284 頁 3000 円+税

村岡 到 著 　　　　　　　　　　　　　　　　　　　　A5 判 236 頁 2400 円+税
親鸞・ウェーバー・社会主義

村岡 到 著 　　　　　　　　　　　　　　　　　　　　四六判 220 頁 2000 円+税
友愛社会をめざす——活憲左派の展望

村岡 到 著 　　　　　　　　　　　　　　　　　　　　四六判 252 頁・18000 円+税
貧者の一答——どうしたら政治は良くなるか
　社会主義経済計算論争の意義
　社会主義の経済システム構想

村岡 到 著 　　　　　　　　　　　　　　　　　　　　四六判 156 頁・1500 円+税
日本共産党をどう理解したら良いか

村岡 到 著 　　　　　　　　　　　　　　　　　　　　四六判 158 頁・1500 円+税
文化象徴天皇への変革

村岡 到 著 　　　　　　　　　　　　　　　　　　　　四六判 236 頁・2000 円+税
不破哲三と日本共産党

村岡 到 著 　　　　　　　　　　　　　　　　　　　　四六判 252 頁・1800 円+税
ソ連邦の崩壊と社会主義

村岡 到 編著 　　　　　　　　　　　　　　　　　　　四六判 186 頁・1800 円+税
ロシア革命の再審と社会主義

2010 年以降の主要著作

ブックレットロゴス

ブックレットロゴス No. 1　村岡 到 編
閉塞を破る希望──村岡社会主義論への批評

ブックレットロゴス No. 2　斎藤亘弘 著
原点としての東京大空襲──明日の世代に遺すもの

ブックレットロゴス No. 3　小選挙区制廃止をめざす連絡会 編
小選挙区制NO！──二大政党制神話の罠

ブックレットロゴス No. 4　村岡 到 著
閉塞時代に挑む──生存権・憲法・社会主義

ブックレットロゴス No. 5　小選挙区制廃止をめざす連絡会 編
議員定数削減NO！──民意圧殺と政治の劣化

ブックレットロゴス No. 6　村岡 到 編　西尾 漢・相沢一正・矢崎栄司
脱原発の思想と活動──原発文化を打破する

ブックレットロゴス No. 7　佐久間忠夫　佐藤三郎　斎藤亘弘　朝日健二 著
青春70歳 ACT

ブックレットロゴス No. 8　村岡 到 編
活憲左派──市民運動・労働組合運動・選挙

ブックレットロゴス No. 9　村岡 到 編　河合弘之・高見圭司・三上治
2014年 都知事選挙の教訓

ブックレットロゴス No.10　岡田 進 著
ロシアでの討論──ソ連論と未来社会論をめぐって

ブックレットロゴス No.11　望月喜市 著
日ソ平和条約締結への活路──北方領土の解決策

ブックレットロゴス No.12　村岡到 編　澤藤統一郎・西川伸一・鈴木富雄
壊憲か、活憲か

あなたの本を創りませんか──出版の相談をどうぞ、小社に。

友愛を心に活憲を！　　B5判72頁　　600円＋税　　送料152円

季刊 フラタニティ Fraternity

▶第5号　2月1日発行

政局論評　特別法による「生前退位」を
特集：中国をどう理解したら良いか
「習近平の中国」の現状と未来　　　　　荒井利明
国家資本主義中国の生命力とゆらぎ　　　山本恒人
「東アジア領土紛争」の歴史的背景　　　岡田充
中国を理解する要点は何か　　　　　　　村岡到
特別寄稿　ＡＩＩＢの役割と課題　　　　鳩山友紀夫
編集長インタビュー　伊波洋一　沖縄で起きている政治的地殻変動
澤藤統一郎　私が関わった裁判闘争（5回）岩手銀行女性行員賃金差別事件
食は大切④　食物の陰陽を知る　浅野純次
友愛政治塾の講師の一言①　西川伸一　松竹伸幸
書評　丹羽宇一郎『習近平はいったい何を考えているのか』

▶第6号　5月1日発行

政局論評　「ポスト真実」の風潮に抗して
特集：教学育はどうなっているか
教学育の悲惨な現状　　　　　　　　　　　　村岡到
学校で置き去りにされる不登校の子どもたち　河村夏代
「日の丸・君が代」強制阻止訴訟の現段階　　澤藤統一郎
大学教育の実態──質の低下と軍事化の傾向　杉山友樹
編集長インタビュー　西川伸一　大学教育で進む「英語偏重」の実情
頑張る地方紙 ②「北日本新聞」
日本農法史からみる農業の未来　　　　　徳永光俊
信じる道を生きる⑥ 福沢諭吉神話解体の道のり　安川寿之輔
ロシア文学の影響①　児島宏子
友愛政治塾の講師の一言 ②　丹羽宇一郎　伊波洋一

季刊フラタニティ刊行基金

呼びかけ人
浅野純次　石橋湛山記念財団理事　　　　　1口　5000円
澤藤統一郎　弁護士　　　　　　　　　　　1年間4号進呈します
出口俊一　兵庫県震災復興研究センター事務局長　定期購読　4号：3000円
西川伸一　明治大学教授　　　　　　　　　振込口座
丹羽宇一郎　元在中国日本大使　　　　　　00170-8-587404
鳩山友紀夫　東アジア共同体研究所理事長　季刊フラタニティ刊行基金